Wenn Architekten über ihre Bauten sprechen, passt dies oft nicht genau zu dem, was uns die Bauten erzählen. Vermutlich hängt das damit zusammen, dass sie viel über die durchdachten Aspekte ihrer Arbeiten sagen und wenig von den geheimen Leidenschaften zu erkennen geben, die ihre Arbeit wirklich beseelen. *Peter Zumthor*

INHALT

4	Vorwort
8	Inside
104	Zaeske
120	Outside
208	Träume
230	Anhang

A building defines a space within and without. It is our desire to knowingly construct both

VORWORT / PREFACE / PREMESSA / CHRISTOF BODENBACH

DE *Von Häusern und Menschen*

Wolfgang Zaeske, Hans Maul, Sven Burghardt, Jeremy Würtz, Luigi Pennella – fünf Menschen aus drei Generationen. Zaeske und Maul, Zaeske und Partner, Zaeske – drei Metamorphosen eines traditionsreichen Wiesbadener Unternehmens. Ein Ziel: Qualitätvolle Architektur zu schaffen, die ihren Nutzern dient und die gebaute Umwelt bereichert. Es ist fast 30 Jahre her, dass mir Sven Burghardt begegnete. Er arbeitete damals, wie ich, für die hessische Architektenkammer und half in der Nachwendezeit, westdeutsches Architektur-know-how in die neuen Bundesländer zu bringen. Das tat er mit Bedacht, effizient, zielstrebig; ich war beeindruckt. Wir verloren uns aus den Augen und begegneten uns ein paar Jahre später wieder, Sven war da schon seit zwei Jahren Mitarbeiter bei Zaeske und Maul.

Ich sollte einen Beitrag über das Vertriebsgebäude für Ferrari Deutschland schreiben [S. 68], die Fachzeitschrift, die mich beauftragt hatte, gibt es schon lange nicht mehr. Aber bei den Recherchen über das Schatzkästlein für den legendären italienischen Autohersteller lernte ich dann auch Svens Chefs, Wolfgang Zaeske und Hans Maul, kennen. Vor allem Wolfgang Zaeske schilderte mir enthusiastisch, wie der Entwurf zustande kam, wie er dafür den damaligen Ferrari-Boss Luca Cordero di Montezemolo besuchte, was für tolle Autos das seien. Er sprühte nur so vor Begeisterung. Hans Maul sekundierte: Auch er fand Ferraris toll, berichtete aber auch von den Schwierigkeiten, die vielen Gebäudedetails, die so präzise sein sollten wie die Rennwagen aus Maranello, im vorgegebenen Kostenrahmen zu realisieren.

Jeremy traf ich dann Ende der Neunziger zum ersten Mal, er war kurz davor aus Hamburg nach Wiesbaden gekommen, der Liebe wegen. Seine Offenheit und Neugier fiel mir gleich auf. Als ich 2000 in den BDA berufen wurde, eröffnete das ganz neue Möglichkeiten des Kennenlernens: Auf vielen gemeinsamen Exkursionen, in die Niederlande, nach Vorarlberg oder Kopenhagen, wurden Wolfgang und Hans langsam von respektablen älteren Kollegen zu Freunden. Sven und Jeremy, mit denen ich – wohl altersbedingt – von Anfang an auf Augenhöhe war, wurden schließlich Partner bei Zaeske und Partner und dann auch bald BDA-Mitglieder. Sie bereicherten den Kreis der Architekturreisenden und schon damals fiel mir auf, wie zwanglos, entspannt und selbstverständlich die vier miteinander umgingen, ob nun bei Reisen oder im Büro.

Luigi begegnete mir zum ersten Mal 2016 bei der Expo Real in München. Jeremy hatte ihn mitgebracht zum jährlich stattfindenden »Wiesbaden-Abend«. Was das zu bedeuten hatte, wurde mir bald klar: Auch Luigi war vom Fleck weg offen, neugierig, herzlich und es freute mich sehr, dass er nun Partner bei Zaeske war.

Die Arbeit des Büros ist geprägt von einer gemeinsamen Geisteshaltung, nicht von einer Gestaltungsdoktrin. Jedes Projekt ist anders, erfordert andere Lösungen, sieht anders aus. Es gibt keine wiedererkennbare Handschrift; die in einem Gebäude stattfindenden Funktionen und Abläufe sind wichtig, nicht ein bestimmtes Material oder bestimmte

Geometrien. Wenn ich einen zentralen Begriff zur Charakterisierung des Büros nennen soll, dann ist es Wertschätzung. Wertschätzung gegenüber den Bauherren, den Fachingenieuren, den Handwerkern und nicht zuletzt gegenüber den Mitarbeitern (von denen viele schon lange dabei sind, das spricht für sich). *»In einer guten Atmosphäre entstehen gute Ergebnisse«,* sagte Sven bei einem der Vorgespräche zu diesem Buch. Das ist wohl das Erfolgsgeheimnis von Wolfgang Zaeske, Hans Maul, Sven Burghardt, Jeremy Francis Würtz und Luigi Pennella.

EN   On houses and people

Wolfgang Zaeske, Hans Maul, Sven Burghardt, Jeremy Francis Würtz, Luigi Pennella – five people, three generations. Zaeske und Maul, Zaeske und Partner, Zaeske – three reinventions of a Wiesbaden company with a long tradition. One goal: to create high-quality architecture that serves its users and enriches the urban environment. It is almost 30 years since I first met Sven Burghardt. We were both working for Hesse Chamber of Architects at the time, helping to take West German architectural expertise to the former East Germany following the fall of the Berlin Wall. He did this with great consideration, efficiency and focus: I was impressed. But we lost touch and did not meet again until a few years later, when Sven had already been at Zaeske und Maul for two years.

I was writing an article on the sales building for Ferrari Germany [p. 68/69]. The journal that had commissioned it went out of print long ago. While researching the little treasure chest for the legendary Italian car manufacturer, I got to know Sven's bosses, Wolfgang Zaeske and Hans Maul. Wolfgang Zaeske in particular told me enthusiastically how the design had come about, how he had visited then Ferrari boss Luca Cordero di Montezemolo as part of the project, and what great cars they were. He was absolutely bursting with passion. Hans Maul also had plenty to say: He, too, loved Ferraris, but he also reported on the difficulties they faced in implementing the building's many details – which had to be as precise as the Maranello racing cars – within the specified budget.

In the late 1990s, I then met Jeremy, who had recently moved to Wiesbaden from Hamburg to join his partner, for the first time. I could not fail to notice his openness and curiosity. When I was called to the BDA in 2000, it opened up totally new opportunities for meeting people. We took so many excursions together, to the Netherlands, Vorarlberg, Copenhagen and many more, and Wolfgang and Hans slowly evolved from respectable senior colleagues into friends. Sven and Jeremy, with whom I have always been on the same level – probably because we are the same age – finally became partners at Zaeske und Partner and soon BDA members, too. They enriched the circle of architectural travellers and I immediately noticed the easy, relaxed, natural atmosphere between the four of them, both in the office and on their travels.

I met Luigi for the first time at Expo Real in Munich in 2016, when Jeremy brought him along to the annual *»Wiesbaden Evening«*. It did not take long to realise where it would lead: Luigi, too, was open, curious and warm from the word go, and I am delighted that he is now a partner at Zaeske.

The work of the office is shaped not by a design doctrine, but by a shared philosophy. Every project is different, demands different solutions, looks different. There is no recognisable *fingerprint*: the functions and processes that take place in a building are what counts, not a certain material or specific geometries. If I were to choose one core term that characterizes the office, I would say *appreciation*: appreciation for the clients, the specialist engineers, the craftsmen and, last but not least, the staff. Many of them have been there for many years, which is a statement in itself. *»A good atmosphere produces good results«*, said Sven at one of the first meetings we had about this book. You could say that is the secret behind the success of Hans Maul, Sven Burghardt, Jeremy Francis Würtz and Luigi Pennella.

IT   Case e uomini

Wolfgang Zaeske, Hans Maul, Sven Burghardt, Jeremy Francis Würtz, Luigi Pennella: cinque persone, tre diverse generazioni. Zaeske und Maul, Zaeske und Partner, Zaeske: tre metamorfosi di un'impresa della tradizione a Wiesbaden. Il loro obiettivo: un'architettura di qualità, utile ai suoi fruitori e in grado di arricchire l'ambiente edilizio.

Sono passati quasi 30 anni da quando incontrai Sven Burghardt. All'epoca lavorava, come me, per l'Ordine degli architetti dell'Assia e, nel periodo successivo alla caduta del muro, contribuì ad esportare nei nuovi Länder il know how dell'architettura della Germania occidentale. Aveva un modus operandi saggio, efficiente e mirato: ne rimasi impressionato. Poi ci perdemmo di vista e ci siamo incontrati di nuovo qualche anno fa, quando Sven lavorava già da due anni alla Zaeske und Maul.

Mi era stata affidata la redazione di un contributo sull'edificio vendite per la Ferrari Germania [p. 68/69]; la rivista da cui avevo ricevuto l'incarico non esiste più da tempo. Durante le ricerche sullo *»scrigno del tesoro«* del leggendario costruttore automobilistico italiano, ebbi modo di fare anche la conoscenza dei capi di Sven, Wolfgang Zaeske e Hans Maul. Soprattutto Wolfgang Zaeske mi raccontò con grande entusiasmo come era nato il progetto, della sua visita all'allora capo della Ferrari, Luca Cordero di Montezemolo, e di quanto straordinarie fossero quelle automobili. Sprizzava entusiasmo da tutti i pori. Hans Maul lo seguiva a ruota: anche lui amante delle Ferrari, non mancò però di accennare alle difficoltà riscontrate in molti dettagli dell'edificio, che dovevano essere realizzati con la precisione delle auto da corsa di Maranello, senza sforare il budget stabilito. Incontrai Jeremy per la prima volta verso la fine degli anni '90. Si era da poco trasferito da Amburgo a Wiesbaden per amore. Fui subito impressionato dalla sua apertura e dalla curiosità che mostrava. L'invito alla BDA (*Associazione degli architetti tedeschi*) nel 2000 fu un'occasione per

VORWORT / PREFACE / PREMESSA / CHRISTOF BODENBACH

Jeremy F. Würtz
Sven Burghardt
Luigi Pennella

conoscersi meglio: dopo tante escursioni insieme, nei Paesi Bassi, nel Vorarlberg o a Copenhagen, da rispettabili colleghi di vecchia data, Wolfgang e Hans divennero amici. Sven e Jeremy, con cui, per motivi di età, abbiamo sempre avuto un approccio più diretto, divennero poi partner di Zaeske und Partner e, ben presto, soci BDA. Arricchirono la cerchia di viaggiatori di architettura e, già allora, notai l'atteggiamento disinvolto, alla mano e naturale che avevano tra di loro, sia in viaggio che in ufficio.

Incontrai Luigi per la prima volta nel 2016 alla Expo Real di Monaco di Baviera. Jeremy lo aveva portato per la »serata annuale di Wiesbaden«. Ben presto compresi il motivo di quell'invito: anche Luigi si mostrò fin da subito molto aperto, curioso, cordiale e mi fa molto piacere che ora sia partner di Zaeske.

Il lavoro in ufficio poggia su una mentalità comune, più che su una mera dottrina di progettazione. Ogni progetto è peculiare, richiede soluzioni differenti e pone sfide diverse. Non esistono *stili* riconoscibili; quello che più conta sono le funzioni e i processi che hanno luogo in un edificio e non un singolo materiale o geometrie definite. Se dovessi descrivere l'ufficio con un concetto centrale, questo sarebbe *stima*: la stima nei confronti di costruttori, ingegneri, artigiani e, non da meno, dei dipendenti (il fatto che molti di loro siano impiegati da tempo in azienda si commenta da sé). »*In un'atmosfera piacevole è possibile conseguire ottimi risultati*« aveva affermato Sven in uno dei colloqui precedenti alla stesura di questo libro. Questo, il segreto sostanziale del successo di Wolfgang Zaeske, Hans Maul, Sven Burghardt, Jeremy Francis Würtz e Luigi Pennella.

INSIDE

14	Brückenkopf Mainz–Wiesbaden
20	Kindertagesstätte Marktkirche
24	IGS Alexej von Jawlensky Schule
30	Werner von Siemens Schule
34	Dern'sche Höfe
46	Kirchgasse 42-44, Douglashaus
50	Marktstraße 21
56	Mauritiushaus
58	Hochhaus an der Kirchgasse
62	Kirchgasse 13
66	ESWE Versorgungs AG, Hauptverwaltung
70	Ferrari Deutschland
72	Evangelische Kreuzkirchengemeinde
78	Haus der Vereine Dotzheim
82	Wartburg – Hessisches Staatstheater
88	Wohnen am Rhein – Biebrich
94	Dambachtal 22
95	Siedlung Schönberg
95	Panoramastraße Wohnen
100	Stadtvilla Bodenstedtstraße 4

Eine Stadt mit den Füßen zu fühlen, sie Schritt für Schritt zu erkunden, das bedeutet *Promenadologie*. Vielleicht ist es tatsächlich auch eine Spaziergangswissenschaft. Wer weiß. Lucius Burckhardt entwickelte diese kulturwissenschaftliche und ästhetische Methode, die darauf zielt, die Bedingungen der Umweltwahrnehmung be-wusst zu machen und sie zu erweitern. Was 1976 in Kassel wunderbar funktionierte, funktioniert heute in Wiesbaden immer noch, oder sogar erst recht – auch wenn das Auto meistens Vorfahrt hat.

Spazierengehen hier im urbanen Raum kann viele Gedanken hervorrufen: über Stadtentwicklung, soziale Normen, Mode, Autos oder Menschen – aber auch über die Architektur, wie sie ist, wie sie sein sollte und warum sie in Wiesbaden so erhaltenswert scheint. Zu Fuß gehen in Wiesbaden heißt »sich aussetzen«: Die Straße ist permanenter Begegnungsort einander fremder Individuen – und sie ist täglich im Wandel begriffen. Die Auseinandersetzung mit dieser Umwelt erfordert eine hohe geistige Flexibilität und wenn man dem Hupen Bedeutung beimisst, scheinen nicht alle Verkehrsteilnehmer diese zu haben. Flanieren in der Stadt heißt, sich in einem dauerbeschleunigten Umfeld langsam zu bewegen. Das ist per se gut, denn es öffnet den Blick und gibt dem Augenblick, dem Rückblick und dem Einfall Chancen.

Heutzutage ist das Gehen im Alltag reduziert auf die Überwindung der Distanzen zwischen trivialen Orten: zwischen Haustür und Haltestelle, zwischen Parkplatz und Arbeitsplatz. Distanzen, die noch dazu in möglichst kurzer Zeit zu bewältigen sind. Mit dem angenehmen Gehrhythmus eines echten Spaziergangs, der sich erst nach einiger Zeit im Zusammenspiel von Bewegung, Atmung und Herzschlag einstellt, hat dieses Fortbewegen im Alltag nichts zu tun. Deshalb ist Spazieren heute – wie in der Romantik – wieder zur Weltflucht geworden. Was dem Spaziergänger unterwegs mental geschieht, können die eigentlichen Spezialisten des Spaziergangs, die Schriftsteller, am besten ausdrücken.

»So wenig als möglich sitzen; keinem Gedanken Glauben schenken, der nicht im Freien geboren ist und bei freier Bewegung – in dem nicht auch die Muskeln ein Fest feiern. Alle Vorurteile kommen aus den Eingeweiden.«
Friedrich Nietzsche

In diesem Sinne viel Freude beim Erkunden von innen und außen. *Text: Dirk Becker*

WAS IHR DEN GEIST DER ZEITEN HEISST,
DAS IST IM GRUND DER HERREN EIGNER GEIST,
IN DEM DIE ZEITEN SICH BESPIEGELN.

J. W. V. GOETHE, FAUST I

Wiesbaden ist vor allem eine Schöpfung des 19. Jhs., welches der Stadt Form und Gestalt verliehen hat.

Als Kapitale des nassauischen Herzogtums und seit 1866 unter preußischer Verwaltung erlebte auch Wiesbaden die Folgen jener stürmischen Entwicklung, die ihre Ursache im rasanten Aufschwung der Epoche auf allen gesellschaftlichen Gebieten hatte. Die staunenswerte Geschlossenheit der Baukunst verleiht der Stadt gleichwohl den Rang als singuläre Schöpfung der Epoche, die es gilt, zu erhalten und behutsam den ökonomisch wie sozial veränderten Erfordernissen der Gegenwart anzuverwandeln, ist die Stadt doch nicht ausschließliches Objekt wirtschaftlicher Interessen, sondern auch Gegenstand der ästhetischen Betrachtung.

Das mit dem Zuzug aus allen Schichten der Gesellschaft bewirkte Wachstum, die dazu erforderlichen bautechnischen Leistungen und Investitionen und schließlich die warmen Quellen ermöglichten es einer mit Phantasie und Unternehmungsgeist begabten Bürgerschaft, dass Wiesbaden innerhalb eines Jahrhunderts vom idyllischen Bäderstädtchen um 1800 zum renommierten Weltbad avancierte, dessen Maßstab bis heute der Kranz der damals geschaffenen Alleen und Promenaden ist.

Mit der historisierenden Weltbetrachtung als Geistesphänomen der Rückbesinnung vollzog das 19. Jahrhundert auch in den angewandten Künsten eine Renaissance vergangener Stilepochen, die bis heute das Erscheinungsbild der Stadt bestimmen. In den Erweiterungen der Südstadt und des Bleichwiesenviertels hat Wiesbaden ungeachtet seiner hinsichtlich der Bauformen und Dimensionen kolossalen architektonischen Entwicklung am Ausgang des Jahrhunderts noch biedermeierlich-spätklassizistische Züge beibehalten, während die seit 1840 wachsenden und im Rausch historisierender Stiladaptionen zusehends dichter bebauten Villenviertel ihren Charakter als durchgrünte Stadtquartiere bewahren konnten. Neben ihren baukünstlerischen Prätentionen sind Gebäude allerdings auch Gegenstand der Selbstdarstellung, die mit dem Gestaltungsanspruch aufwendiger Steinmetzarbeiten und Stuckdekorationen, dem Eisenguss und den Terrakottafriesen und endlich der Monumentalität und Formenvielfalt der Jahrhundertwende Aufschluss über Rang und Selbstverständnis ihrer Erbauer und Besitzer geben.

Als Zeugnisse verlorener Gestaltungskraft und Handwerkskunst ermöglichen sie zugleich Einblicke in den Wandel gesellschaftlicher Hierarchien und können im Wechsel von Wahrnehmen und Empfinden nicht messbare ästhetische Qualitäten vermitteln. Gerade die Gebäude der klassischen Richtung zeigen jenseits ihrer sichtbaren Erscheinung doch immanente Ordnungen und Bauprinzipien, die sich im Reichtum ihrer geometrischen Verhältnisse, der ikonographischen und mythologischen Programme dem Betrachter als Weltbilder erschliessen. Architektur ist nie wertfrei und stets im Dienste von Staatsformen und Ideologien gewesen. Nie zuvor war sie jedoch so ausschließlich an der Meinungslosigkeit pluralistischer Entscheidungen orientiert und vom Pragmatismus im Verein mit formaler Urteilslosigkeit beherrscht. So ist das Unvermögen, der Gestaltungsprobleme des gegenwärtigen Bauens Herr zu werden, nicht allein in dessen hohem Grad an Abstraktion oder dem Mangel an historischer Bildung begründet, sondern ebenso in der Neutralität des politischen Willens, der die zweckfreie Schönheit von Architektur nicht mehr als Aufgabe der Gesellschaft sieht.

INSIDE / ANDEUTUNGEN ZUM BAUEN IN DER INNENSTADT / BERTHOLD BUBNER

Mit der wachsenden Abstraktion im Denken verlieren sich nicht nur tradierte Gewohnheiten und Betrachtungsweisen, sondern auch das Verständnis für die Bedingungen der tektonischen Gestalt als Ausdruck der ihr innewohnenden Bewegung. Gleichwohl ist auch die Baugestaltung unserer Tage vom Leitbild des Maßstabes und der strukturellen Ähnlichkeit getragen und zeigt in den gelungenen Beispielen das Bestreben, ungeachtet der fehlenden Gestaltungsmittel, die der historischen Baukunst in reichem Masse zur Verfügung standen, sich von den Vorbildern und Mustern der Nachkriegszeit zu lösen, die selbst in den unversehrten Innenstadtbereichen unbekümmert Einkehr gehalten hatten. Bereits im späten 19. Jahrhundert führte das Hineinwachsen Wiesbadens in großstädtische Dimensionen zu einer weitgehenden Umwandlung der Innenstadt, durch die der neue Bautyp des Geschäftsgebäudes allgemeine Gültigkeit erhielt. Zugleich trat damit jedoch auch der Konflikt zwischen dem Wirkungsanspruch der historisierenden Fassade und den technisch bereits voll entwickelten Möglichkeiten der Lastabtragung durch die gegossene Säule und den genieteten Walzreisenträger zutage.

Konstruktiver Eisenbau und Tafelglas hatten damit eine Entwicklung vorgezeichnet, die nach dem Krieg und im Zeichen des Stahlbetons eine weitgehende Entstellung tradierter baulicher Zusammenhänge zur Folge hatte und in den Stadtkernen die Spuren modischer Gestaltungswillkür hinterließ. Das Überborden industriell gefertigter Produkte zerstört jedoch nicht nur die tradierte Handwerkskunst, sondern vielmehr das Verständnis für den Zusammenhang von Form und Mühsal der Entstehung.
Die Verunsicherung im Geschmack und der Verlust des Urteils legitimieren nur scheinbar den Vorrang von funktionalem Zweck und wirtschaftlichem Nutzen, besteht die Aufgabe erhaltender Erneuerung doch gerade in der Wiedergewinnung der tektonischen Ganzheit durch die Logik der Gestalt.

Das Bild der historischen Stadt als Leistung vergangener Generationen hatte sich aus deren geschiechtlicher Erfahrung und Gestaltungskraft entwickelt und war durch die Gewohnheit und das Neue, durch Dauer und Wandel als den Quellen jeglicher Erfindung definiert. Praktischer Sinn und die Vertrautheit mit dem Ort verliehen dem Gebäude Leben und in der Teilhabe am kollektiven Formverständnis der Epoche vermittelte sich die Schönheit als Ziel jeglicher architektonischen Gestaltung, die selbst noch dem Historismus den Anschein von ästhetischer Korrespondenz verlieh. Im Verständnis der Geschichtlichkeit jeder Entwicklung ist auch das heutige Bauen, dessen Logik sich durch die Schönheit des Materials und seine kunstvolle Anwendung ergibt, der Gegenwart verpflichtet. Der *splendor formae* des Mittelalters oder, im Geist der Kunstbetrachtung des 19. Jahrhunderts, die schöne Verbindung der Prinzipien mit den Zwecken als Maßstab für das architektonische Gestalten wird deshalb immer Gültigkeit besitzen. Erst im Geheimnis von Eurhythmik und pythagoräischer Zahl und im Verhältnis der strukturierten Wand zur Öffnungsfläche wird der Kanon der Baugeschichte als Werkzeug und morphologische Essenz des Bauens lebendig und gelangt als Äußerung des diesem innewohnenden Lebens zur formalen Unabhängigkeit seiner Gestalt, die nicht im Gebrauchswert, sondern allein in der Anwendung der Gesetze der Ästhetik sich vermittelt. Den strukturierenden Teilen eines Gebäudes durch sinnvolle Ergänzung wieder zur Erscheinung zu verhelfen, ist in diesem Verständnis ebenso Gestaltungsanliegen des begabten Architekten wie die kunstvolle Einfügung eines neuen Gebäudes in eine bereits gestaltete Umgebung. Die Kunst der schönen Stadt speist sich damit weder allein aus der Vergangenheit, ihrem Nutzen, noch aus dem gegenwärtigen gesellschaftlichen Empfinden, denn die Einsicht in die Lebensnotwendigkeit ästhetischer Kategorien macht das gestaltenreich korrespondierende Bauen zu einem Akt des künstlerischen Bewusstseins und zur sozialen Pflicht. Nach unzähligen vertanen Chancen, mit architektonischen Mitteln die ästhetischen Bedingungen einer historischen Umgebung sensibel und einfühlsam zu reflektieren, und ungeachtet der vielen Experimente, die im großen Anspruch ebenso wie aus Mangel an künstlerischer Urteilskraft misslingen, gibt es jedoch auch in Wiesbaden vortreffliche Lösungen zu benennen, die insbesondere mit den Namen der Architekten Zaeske und Partner verbunden sind.

Wiesbaden ist eine Stadt der Achsen und Sichtbezüge. Neben der Kuppel des Kurhauses oder der Rotunde des Biebricher Schlosses, Plätzen wie Bowling Green oder Luisenplatz, sind es oftmals auch Türme, die Sichtachsen markieren: Der Turm des Hauptbahnhofs und des Rathauses definieren Anfang und Ende der Bahnhofsstraße, die Türme der Ringkirche den oberen Abschluss der Rheinstraße, das ehemalige ESWE-Hochhaus den Beginn der Fußgängerzone. Auf Streifzügen durch Wiesbaden wird man immer wieder neue Beispiele entdecken, oftmals auch überraschend, in allen möglichen Variationen. Ob nun Kuppel, Platz oder Turm: Es geht immer wieder um gelungene Akzente in unserer Stadt, die Orientierung bieten, Charakter und Aussagekraft besitzen, dem Ort Unverwechselbarkeit verleihen, und gleichzeitig auf das Umfeld angemessen reagieren.

Brückenkopf
Mainz – Wiesbaden

BAUHERR: LANDESHAUPTSTADT WIESBADEN
STANDORT: BRÜCKENKOPF THEODOR-HEUSS-BRÜCKE, 55252 MAINZ-KASTEL
BGF: 1.000 M²
FERTIGSTELLUNG: 2011

Ein Lichtzeichen, das Orientierung bietet

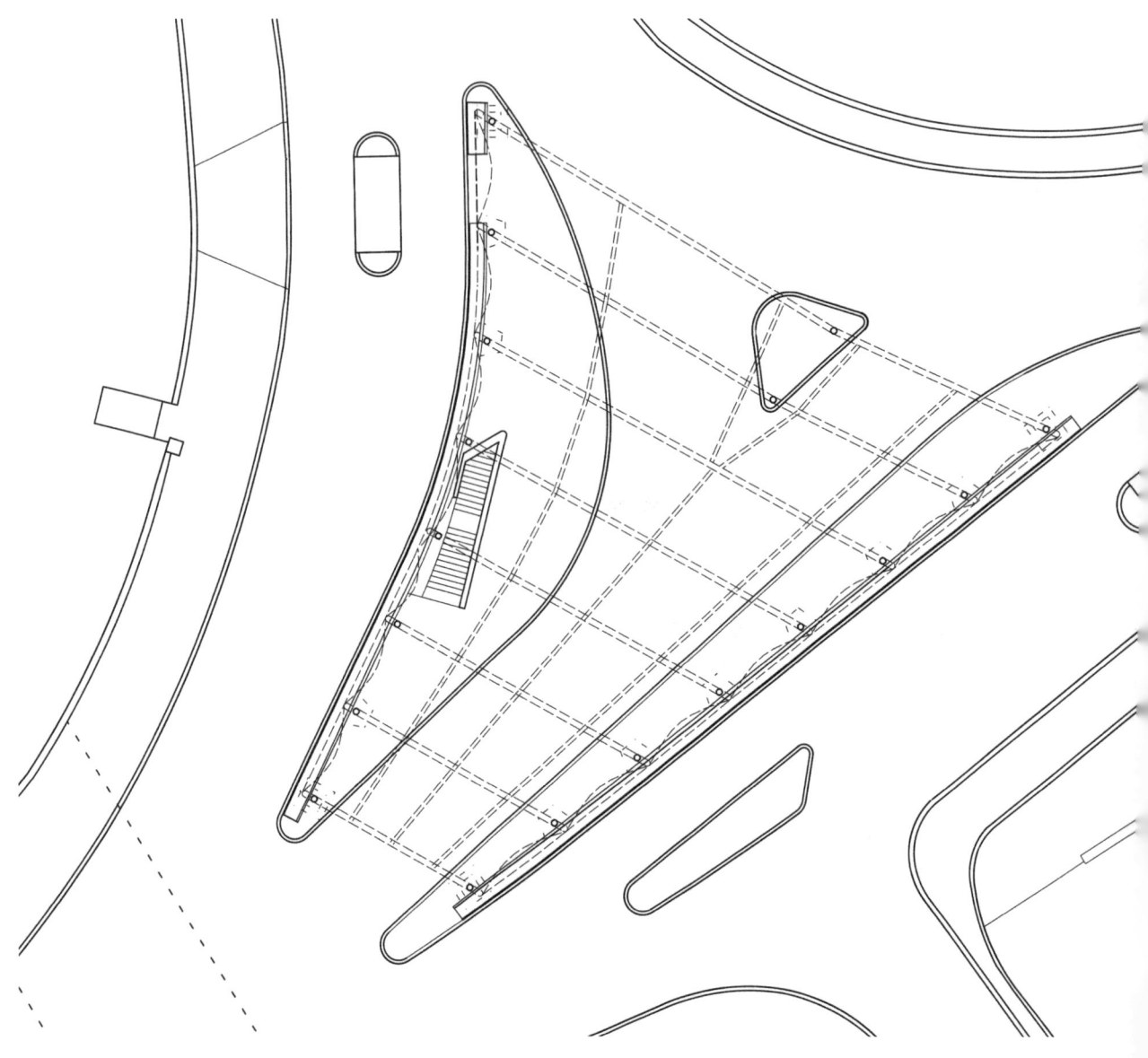

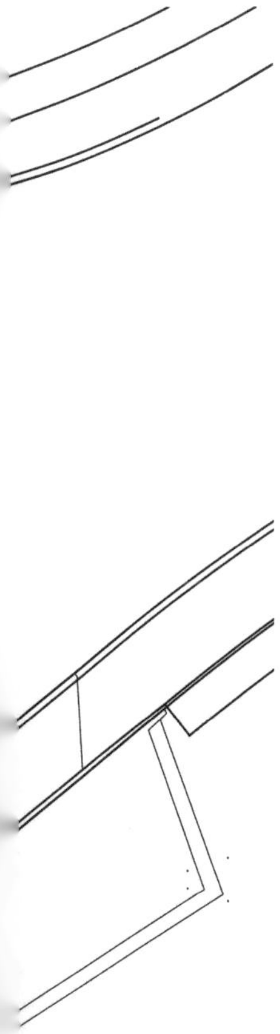

INSIDE / BRÜCKENKOPF / NEUBAU

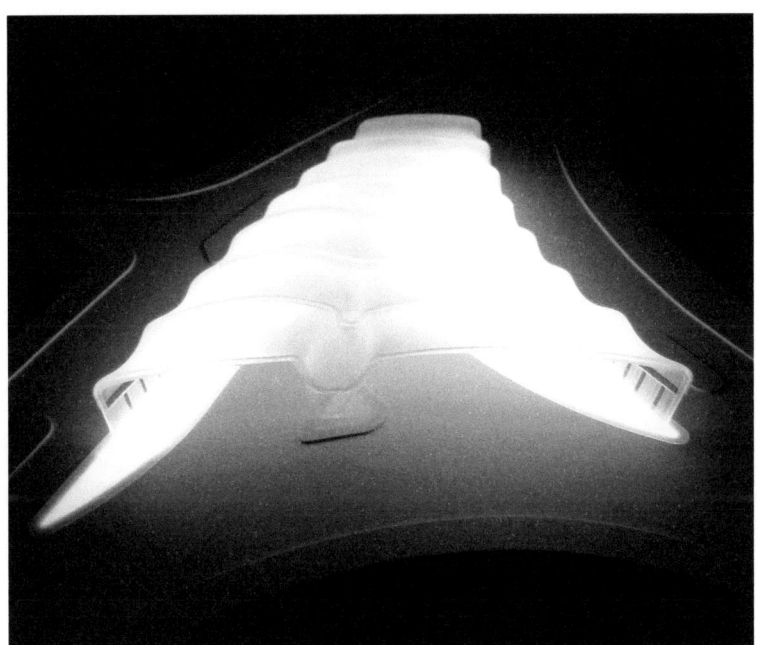

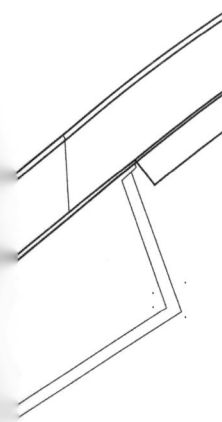

Grundriss Bus-
umsteigeplatz am
Verkehrsknoten
Mainz- Wiesbaden

Im Rahmen der städtebaulichen Überarbeitung der Rheinuferpromenade sollte der bestehende Verkehrsknoten auf dem Hochkreisel in Mainz-Kastel funktional aufgewertet werden. Ein ausreichender Witterungsschutz für die Passagiere der Busgesellschaften hat erste Priorität. Aufgrund der besonderen Lage, am Ende der Theodor-Heus-Brücke, inmitten des Verkehrsstroms zwischen Mainz und Wiesbaden gewinnt der Ort an Bedeutung und dient somit als Entree für die Verkehrsteilnehmer, die zwischen den beiden Landeshauptstädten pendeln. Der Busumsteigeplatz wurde von einem Ort unspezifischer Bauten zu einem überdachten Platz mit einer klaren Struktur umgewandelt. Die skulpturale Großform, deren Haut in beiden Richtungen lichtdurchlässig ist, umhüllt und definiert den Busbahnhof. Eine Insel der Geborgenheit inmitten des strömenden Verkehrs. Ein stützenfreier Raum schützt die täglich ca. 4.000 Passagiere vor Wetter und Straßenlärm. Für die Wartenden bietet die skulpturelle Innenstruktur ein Raumerlebnis mit hoher Verweilqualität. Blickbeziehungen in Richtung Rheingau und Kastel werden durch die gewählte Konstruktion ermöglicht. Ein diffuses Tageslicht strahlt von oben durch die weiße Membran. Bei Dunkelheit wird das Dach zu einer Leuchtskulptur. Eine Ikone am Ende der Theodor-Heus-Brücke. Ein Empfang für die Verkehrsteilnehmer, die den Kreisel kreuzen. Ein Lichtzeichen, das Orientierung bietet.

Kindertagesstätte Marktkirche

BAUHERR: EVANGELISCHE GESAMTGEMEINDE
STANDORT: MARKTPLATZ 8, 65183 WIESBADEN
BGF: 1.100 M²
FERTIGSTELLUNG: 2008

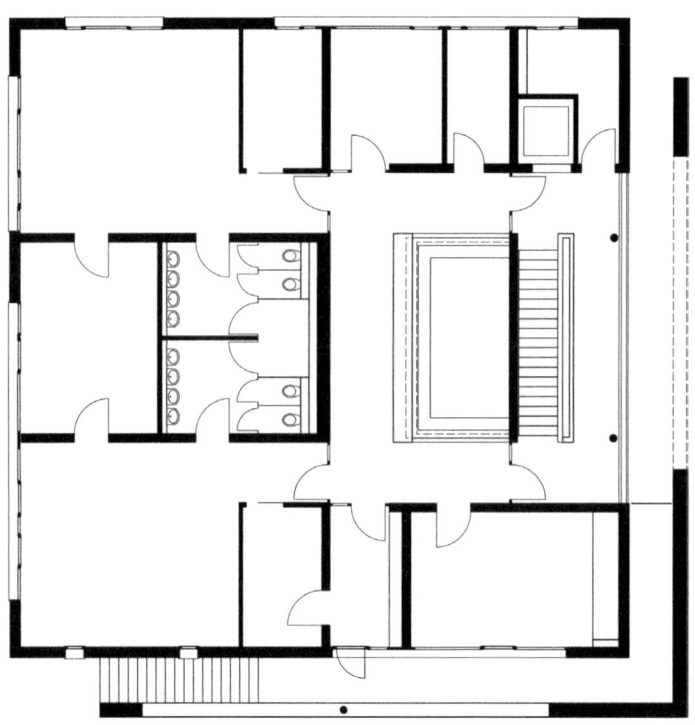

Grundriss
Obergeschoss
Kindertages-
und Sozialräume

INSIDE / EVANGELISCHE KITA MARKTKIRCHE / NEUBAU

Das für den Tag der Architektur 2008 ausgewählte Gebäude zeigte sich als der Besuchermagnet Hessens. Hunderte Architektur-Interessierte kommen zusammen. Am Ende des Tages wurde die Zahl 500 überschritten...

In direkter Nachbarschaft zur Marktkirche befindet sich die neu geplante Kindertagesstätte der Evangelischen Marktkirchengemeinde. Die Planung für den Ersatzneubau der abgebrochenen, provisorischen Kindertagesstätte folgt dem Wunsch der Nutzer, ein breit aufgestelltes Betreuungsangebot unter einem Dach anzubieten. Das Raumprogramm entspricht den Anforderungen an eine »viergruppige« Einrichtung als Kindertagesstätte mit Verteilung der Räume in zwei Geschossen. Das aufgesetzte Terrassengeschoss bietet zu einer großen Außenspielfläche noch die vielfältigen Nutzungen eines Mehrzweckraumes. Die Gruppenräume im Erdgeschoss und ersten Obergeschoss orientieren sich zum Licht, sowie dem großen begrünten Vorplatz und wenden sich damit von den betriebsamen Außenräumen ab. Die Spielflächen im Freien sind im südlichen Teil des Grundstücks angeordnet und werden in die maßstabgebende Struktur der Grünflächen des Umfeldes gestalterisch eingebunden.

Aus der Grundstückssituation entwickelt sich das dreigeschossige Gebäude als Solitär, der sich gegenüber der vorhandenen Platzrandbebauung und dem mächtigen Kirchenbau eigenständig behaupten muss. In der Wahl des Außenmaterials Putz fügt er sich in die vorhandene Materialstruktur der Umgebung ein und respektiert die andersartige Außenhaut des Kirchenbaus. Der Baukörper stellt den städtebaulichen Kontext nicht infrage. Es entsteht ein Dialog zwischen dem Neuen und der Identität des Ortes.

IGS Alexej von Jawlensky

BAUHERR: SEG STADTENTWICKLUNGSGESELLSCHAFT WIESBADEN MBH
STANDORT: HANS-BÖCKLER-STRASSE 1, 65199 WIESBADEN
BGF: 8.900 M²
FERTIGSTELLUNG: 2013

Grundriss
Bestandsgebäude
Klassenräume
und Sozialräume

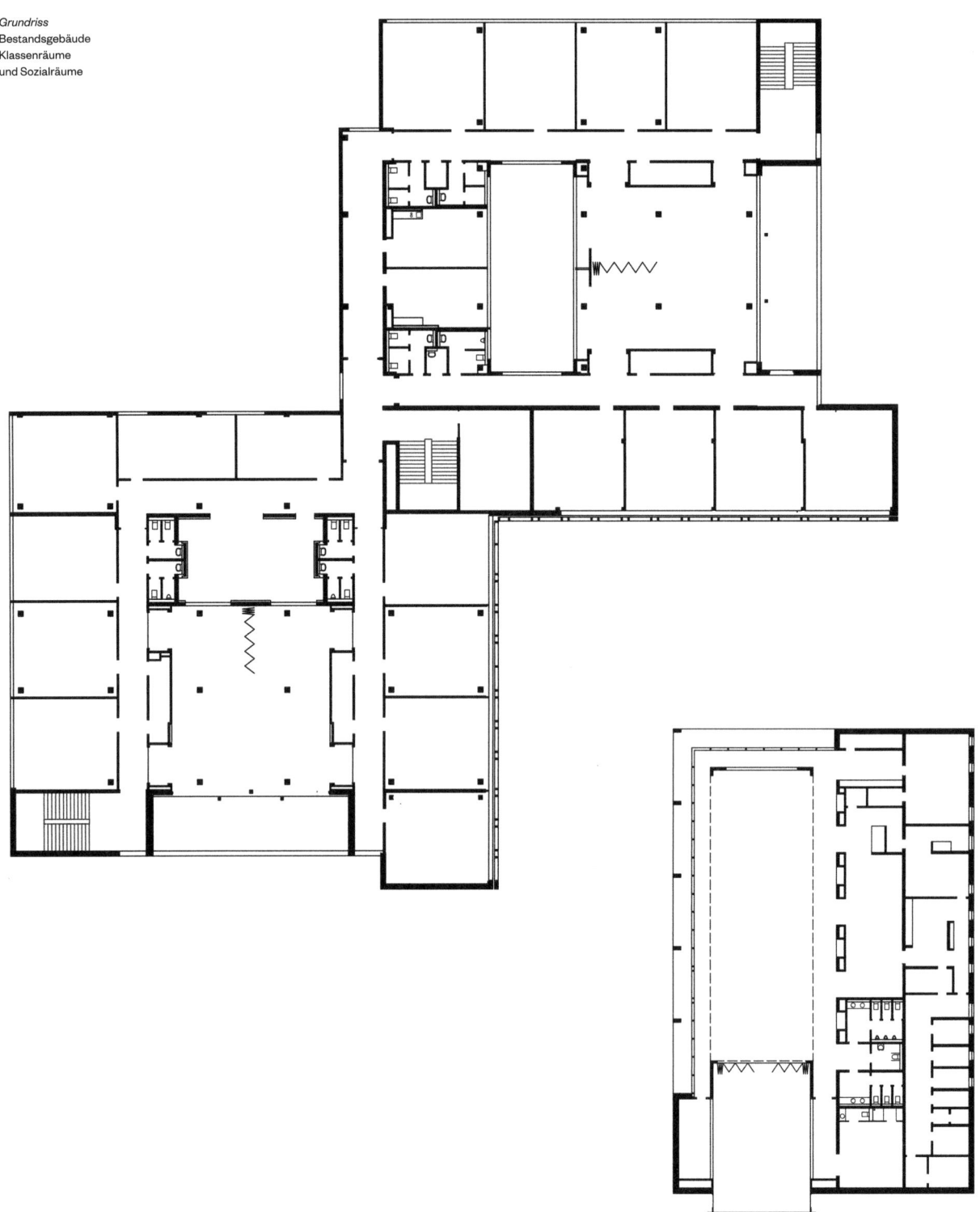

Grundriss
Neubau Mensa
Kücheneinheit
Sozialräume

INSIDE / IGS ALEXEJ VON JAWSLENSKY / NEUBAU

Architektur und Pädagogik im konstruktiven Dialog

Das Projekt Jawlensky-Schule in Wiesbaden zeigt beispielhaft, wie eine zukunftsorientierte pädagogische Konzeption in einem Bestandsgebäude durch sensible Eingriffe und sinnvolle Anbauten umgesetzt werden kann. Gemeinsam mit dem Neubau für Mensa und Theater ist ein Gesamtensemble entstanden, in dem aus dem Vorhandenen heraus Architektur und Pädagogik in einen konstruktiven und innovativen Dialog gesetzt wurden.

Die ehemalige Ludwig-Erhard-Schule wurde in die neue Jawlensky-Schule als integrierte Ganztagsschule mit reformpädagogischer Ausrichtung im Auftrag der Landeshauptstadt über die Stadtentwicklungsgesellschaft Wiesbaden (SEG) umstrukturiert. Durch eine Restrukturierung des Objekts gelang eine zeitgemäße Anpassung an den Nutzerbedarf. Es gelang, den gesamten Komplex während des Schulbetriebs in drei Bauabschnitten fertigzustellen. In jeder Einheit wurde eine Mittelzone »Schülertreff« vorgesehen, die von zwei Jahrgangsteams gemeinsam genutzt wird. Sie erstreckt sich von einem Lichthof bis zur neu geschaffenen Loggia. Er dient auch der Zusammenarbeit zwischen den Jahrgängen. Mit der Clusterbildung wurde das zentrale Lehrerzimmer zugunsten dezentraler Teamräume aufgelöst. Die pädagogische Konzeption sieht vor, dass die Schüler für ihre Räume unmittelbar Verantwortung übernehmen.

Der Neubau des Mehrzwecksaales mit Mensa wurde als Passivbau mit großzügigen Glasfassaden errichtet und bildet mit Schule und Sporthalle ein Ensemble um den neu gestalteten Schulhof als Forum. Er dient nicht nur als Aufenthaltsbereich für den Ganztagsbetrieb der Schule, sondern enthält zudem eine Lehrküche, das in dem Gebäude integriert ist, sowie einen zusätzlichen Theater- und Probenraum, der über das Öffnen einer mobilen Trennwand dem großen Aufenthaltsbereich zugeschaltet werden kann. In diesem multifunktionalen Raum können ebenso große Veranstaltungen stattfinden. Ferner ergänzt der Neubau somit das Bildungs- und Betreuungsangebot der Gesamtschule.

Werner von Siemens Schule

Das symmetrisch gestaltete Schulgebäude setzt sich aus drei Bauteilen zusammen, bestehend aus einem mittleren viergeschossigen denkmalgeschützten Altbau, erbaut gegen Ende des 19. Jahrhundert, sowie zwei gleichförmigen viergeschossige Anbauten aus den 1960er-Jahren, die jeweils auf der rechten und der linken Seite mit dem Altbau verbunden sind. Bis zu dieser ersten Aus- und Anbauphase stand das Gebäude als Solitär zwischen den Wohnhäusern und war als Mädchen- und Jungenanstalt mittels einer durchgängigen Innenwand getrennt. Die Anbauten waren in den 60ern noch aufgeständert, sodass man den Schulhof rechts und links von der Straßenfront aus betreten konnte. Erst in den späten 1970er-Jahren wurden dort zwei Werkräume eingesetzt. Damit ist der Baukörper heute streng in die spätklassizistische Straßenfront der Rheinstraße eingegliedert.

BAUHERR: LANDESHAUPTSTADT WIESBADEN
STANDORT: RHEINSTRASSE 102, 65195 WIESBADEN
BGF: 2.970 M²
FERTIGSTELLUNG: 2017

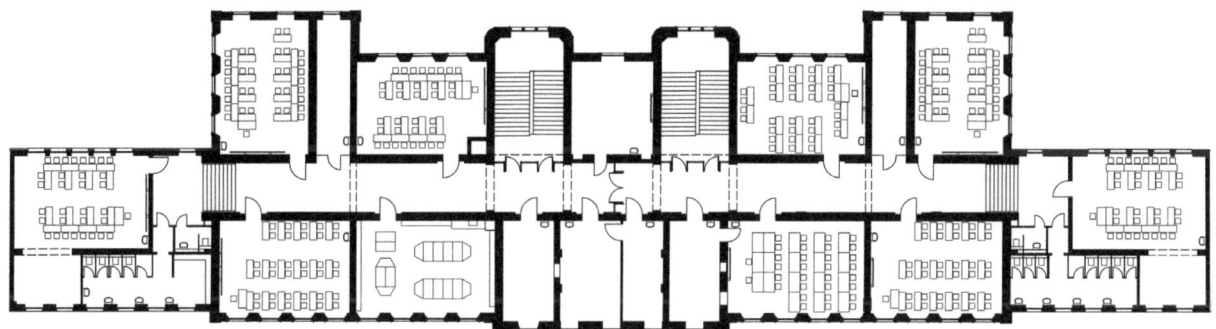

Grundriss
Bestandsgebäude mit zentralem Erschließungskern / Klassenräume

Die Generalsanierung ab 2006 erfolgte in fünf Bauabschnitten bei gleichzeitig laufendem Schulbetrieb. Die erste Maßnahme bestand in der Sanierung der sehr stark beschädigten Außenfassade des Altbaus und des Schieferdaches. Die langgestreckten bestehenden Flure wurden mittels einer spielerisch umgesetzten Deckengestaltung sowie den Einbau von Lichtinseln in einzelne Teilbereiche strukturiert und gegliedert.

In den sehr hohen Klassenräumen herrschte vor der Sanierung ein extremer Nachhall vor. Dies machte eine moderne pädagogische Arbeit in Gruppenarbeit mit entsprechenden Differenzialräumen unmöglich. Eine grundlegende akustische Ertüchtigung sowohl der Bodenkonstruktion als auch der Wände und Decken wurde durchgeführt. Diese Maßnahmen hatten in der Rückblende den größten Nutzungseffekt für Lehrende und Lernende. Im Zuge der einzelnen Abschnitte wurden auch die beiden Anbauten umgebaut, in denen sowohl die naturwissenschaftlichen als auch die musisch-künstlerischen Unterrichtsräume untergebracht sind. Im Erdgeschoss befinden sich Aufenthalts- und Konferenzbereiche für Schüler und Lehrer. Insgesamt werden ca. 800 Schüler unterrichtet und ganztätig betreut.

Der Einbau einer Schulküche im geräumigen Untergeschoss sowohl für den Unterricht, als auch zur Versorgung der Ganztagsschüler in einem intern organisierten Schülerrestaurant führte zu einer bundesweiten Auszeichnung des Bundesverbraucherministeriums *Küchen für Deutschlands Schulen* sowohl für die räumliche Ausstattung als auch für das vorbildliche Engagement der Schulgemeinde. Den Abschluss der Maßnahmen bildete dann die denkmalpflegerisch aufwendige Wiederbelebung der Aula zum eleganten Festsaal.

Dern'sche Höfe

BAUHERR: DERN'SCHE HÖFE GMBH & CO. KG
STANDORT: FRIEDRICHSTRASSE 25, 65185 WIESBADEN
BGF: 17.500 M²
FERTIGSTELLUNG: 2011

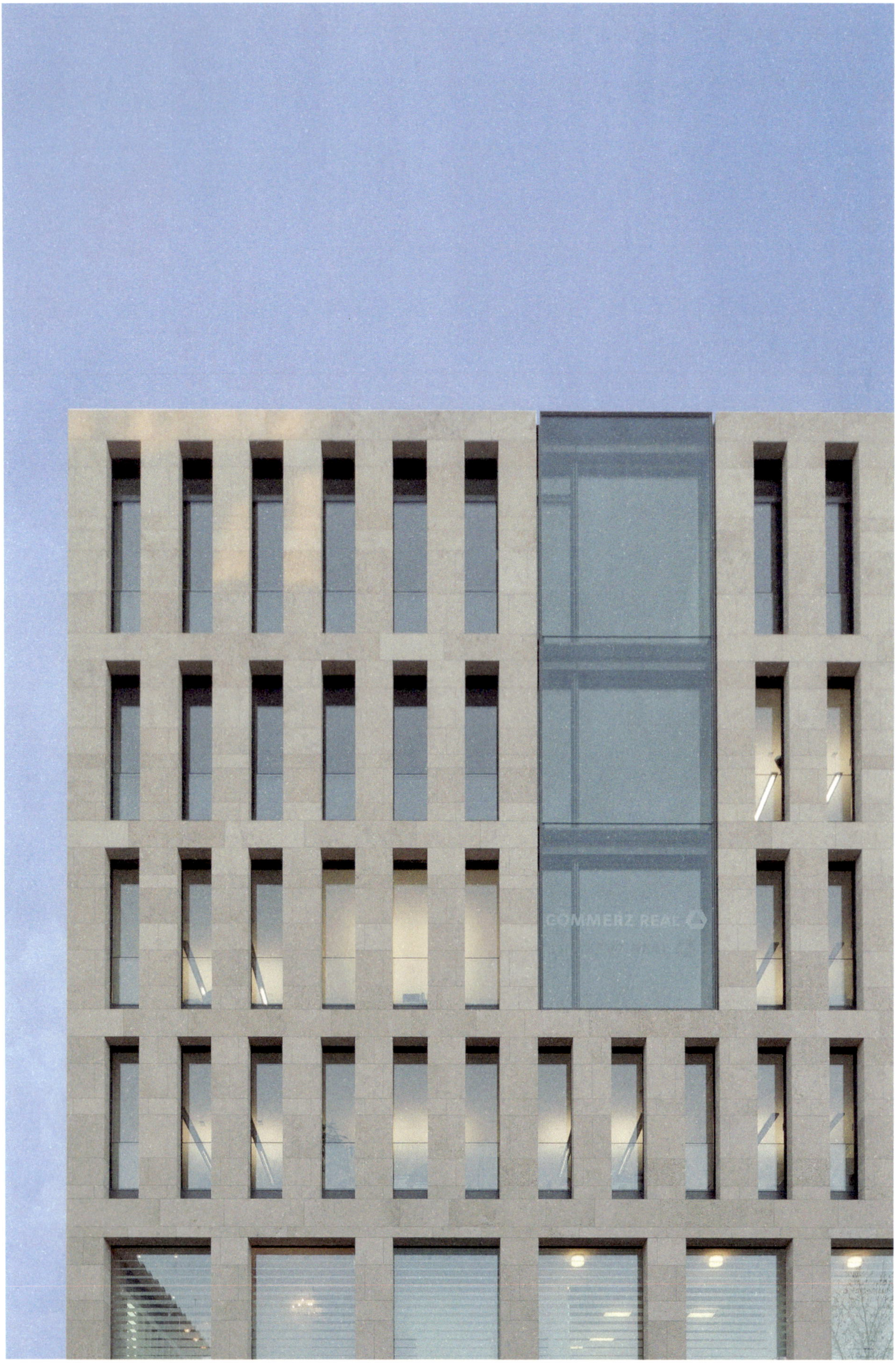
COMMERZ REAL

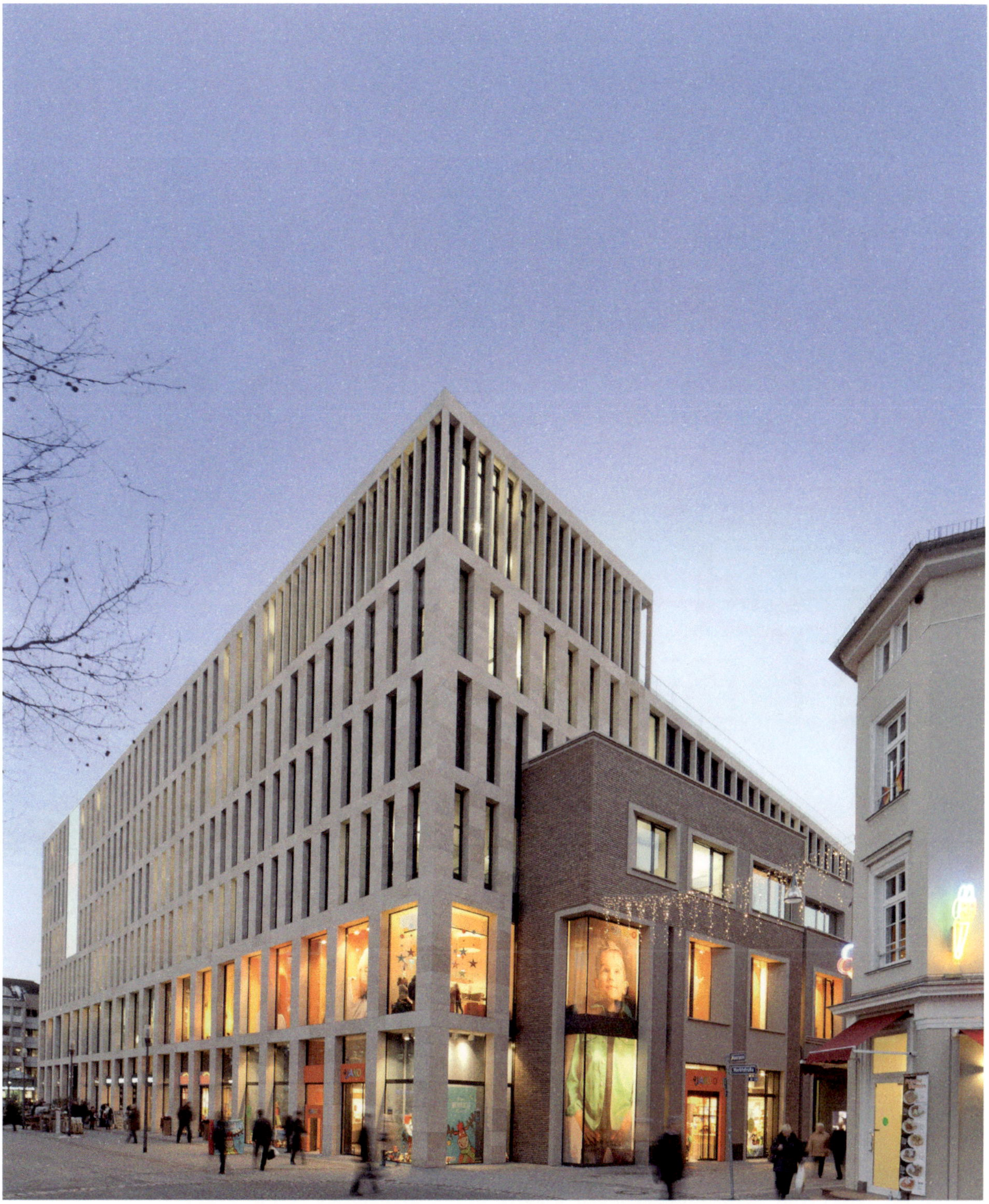

Grundriss
Büroebene
mit zwei
Innenhöfen

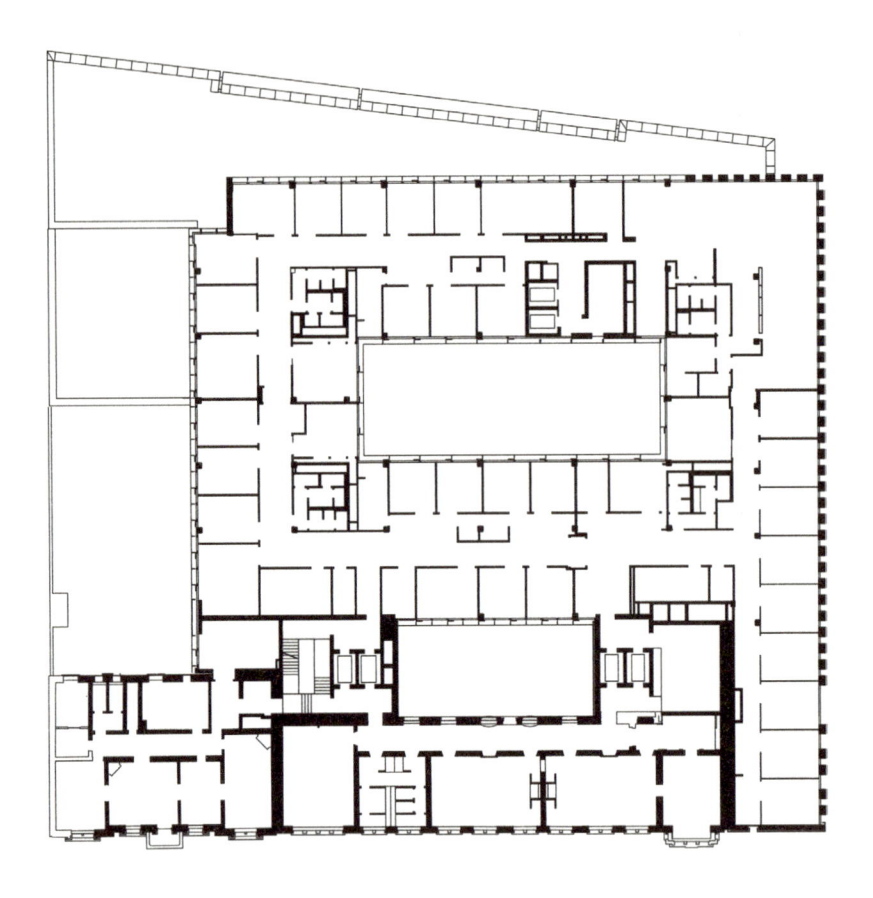

Ansicht
Fassade

Mit den *Dern'schen Höfen* entstand in zentraler Lage der hessischen Landeshauptstadt Wiesbaden ein neues, an gleich drei Straßen liegendes Büro- und Einzelhandelsensemble, das dem lange vernachlässigten Ort seine verdiente Attraktivität zurückgibt. Keine hundert Meter vom Rathaus entfernt bildet der sechsgeschossige Hauptbau der vielgestaltigen *Höfe* den östlichen Abschluss der Fußgängerzone.

Neben den namensgebenden internen Höfen prägen insbesondere die aus einem Wettbewerb hervorgegangenen Fassaden, die nach Norden, Süden und Osten auf den jeweiligen städtischen Kontext reagieren, das Projekt. Zum Dern'schen Gelände Richtung Osten ist die als »Platzwand« gestaltete Hauptfassade in horizontale Bänder gegliedert und klar strukturiert. Ihr Raster wird nur an wenigen Stellen variiert, um die jeweils dahinter liegenden Nutzungen zu unterstützen. Dies ist durchaus auch als Referenz an den genius loci zu verstehen: Hier stand bis zum Bau der *Dern'schen Höfe* ein 1956 fertiggestelltes Bürogebäude mit Rasterfassade und Kolonnadengang, das den zerbombten Ostflügel des ehemaligen Polizeipräsidiums ersetzte. Im Süden, an der Friedrichstraße, schließt der im Grundriss beinah quadratische Hauptbaukörper in Maßstab und Material an den verbliebenen Flügel dieser denkmalgeschützten ehemaligen *Königlichen Polizei-Direktion* an, der grundlegend saniert und in Teilbereichen entkernt wurde. Aufgrund zahlreicher Bau- und Kriegsschäden wurde hier das Dach in enger Absprache mit der Denkmalpflege neu aufgebaut. Der reich verzierte bestehende Dacherker wurde wieder mit einer Welschen Haube ergänzt. Im Sockelbereich sind die Fenster des Erdgeschosses und die des darüber liegenden Zwischengeschosses zu einem Fensterelement zusammengefasst, sodass der abweisend geschlossen wirkende Charakter des Sockelgeschosses aufgehoben wird. Dieser ehemals zweiflügelige Neobarockbau gehört nun zum Ensemble.

Insbesondere die Ausbildung der südöstlichen Ecke, die ursprünglich durch einen mit dem Ostflügel zerstörten markanten Turmbau betont wurde, stellte eine große Herausforderung dar. Durch eine mit einem schmalen, senkrechten Fensterschlitz akzentuierte »Faltung« der Natursteinfassade im Neubau wird einerseits zwischen dem steilen Satteldach des alten Polizeipräsidiums und dem Flachdach des Neubaus vermittelt und andererseits eine weithin sichtbare Figur geschaffen, die an den kriegszerstörten Eckturm erinnert. Im Norden schließlich wurde ein niedrigerer, kleinteiliger Riegel leicht verschränkt vor den Hauptbau gelegt. Er nimmt die Flucht der Mauergasse auf, orientiert sich an deren Maßstäblichkeit und den dort verwendeten Fassadenmaterialien und schließt eine ebenfalls kriegsbedingte Lücke, die lange als provisorischer Parkplatz diente. Durch die gewählte städtebauliche Planung bildet der Neubau eine Verbindung von alt und neu auf selbstverständliche Weise.

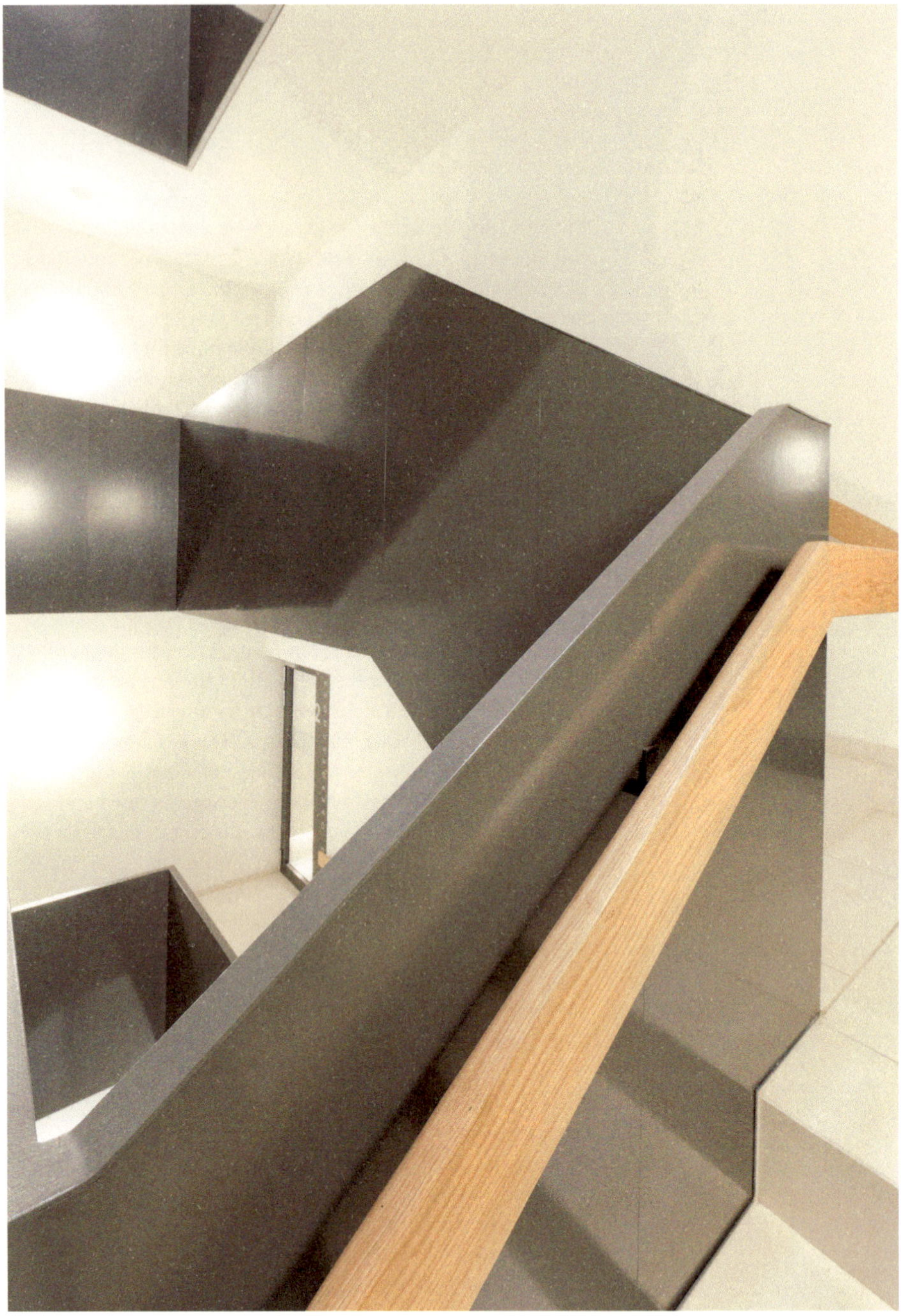

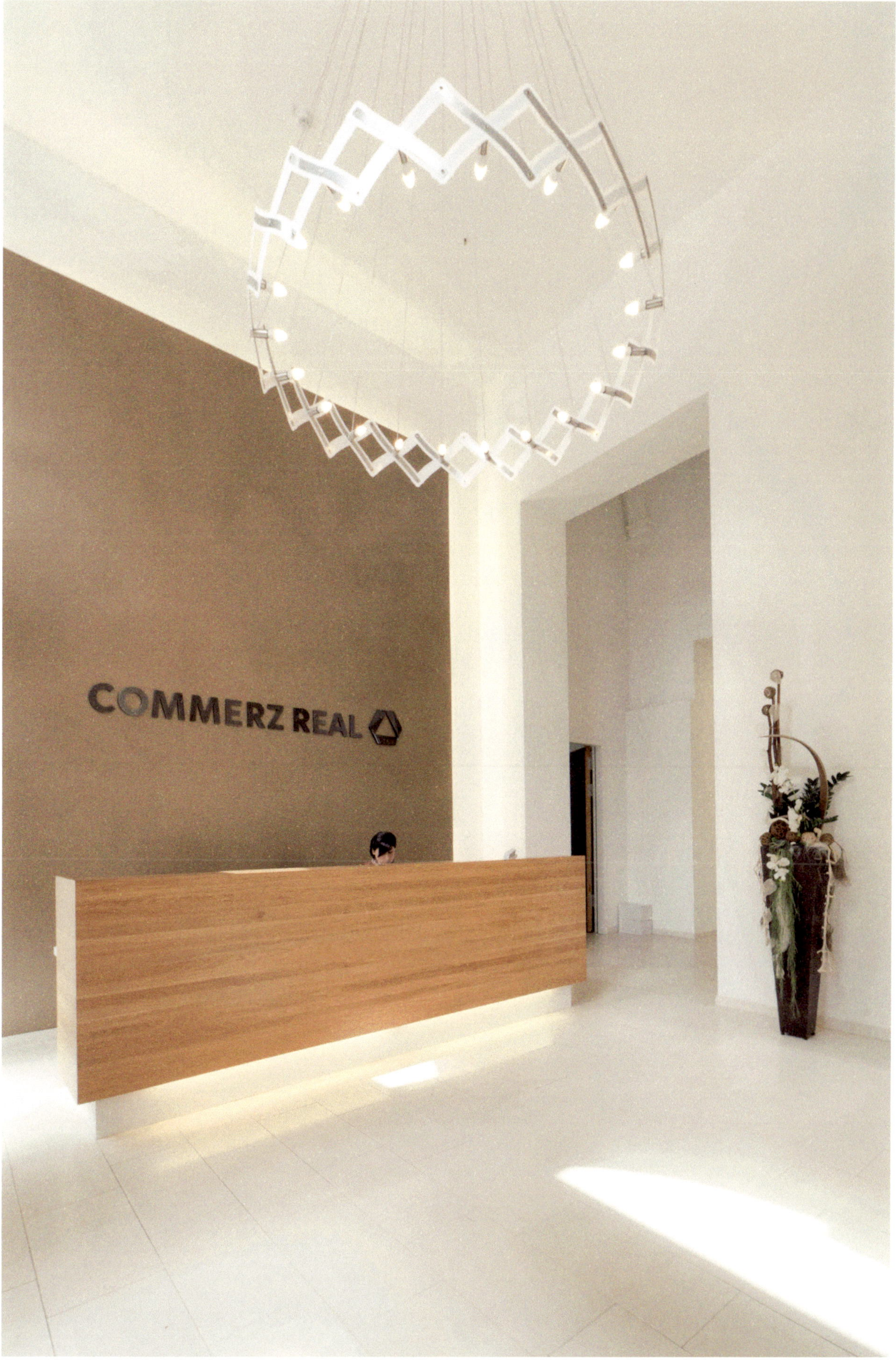
COMMERZ REAL

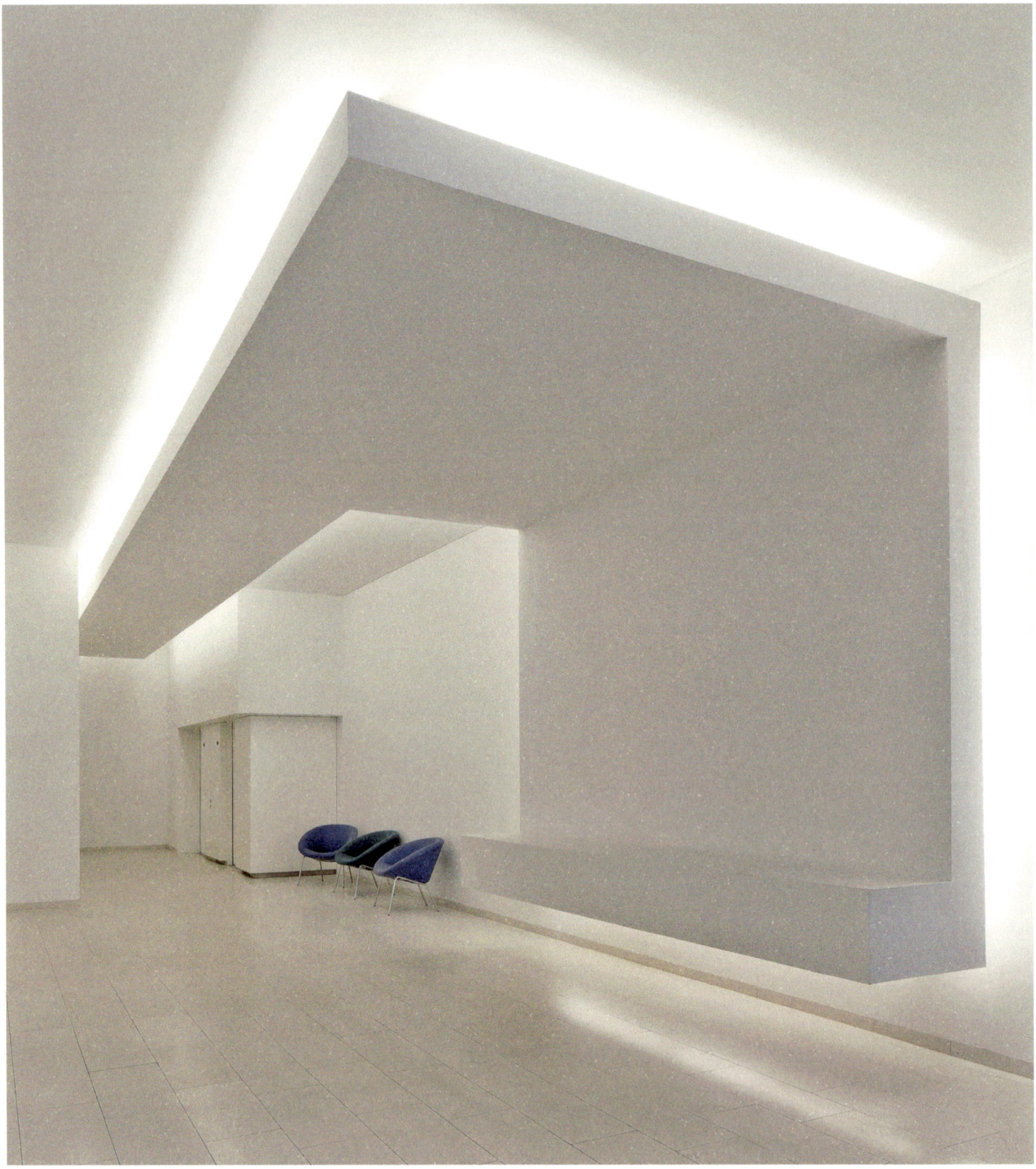

INSIDE / DERN'SCHE HÖFE / NEUBAU

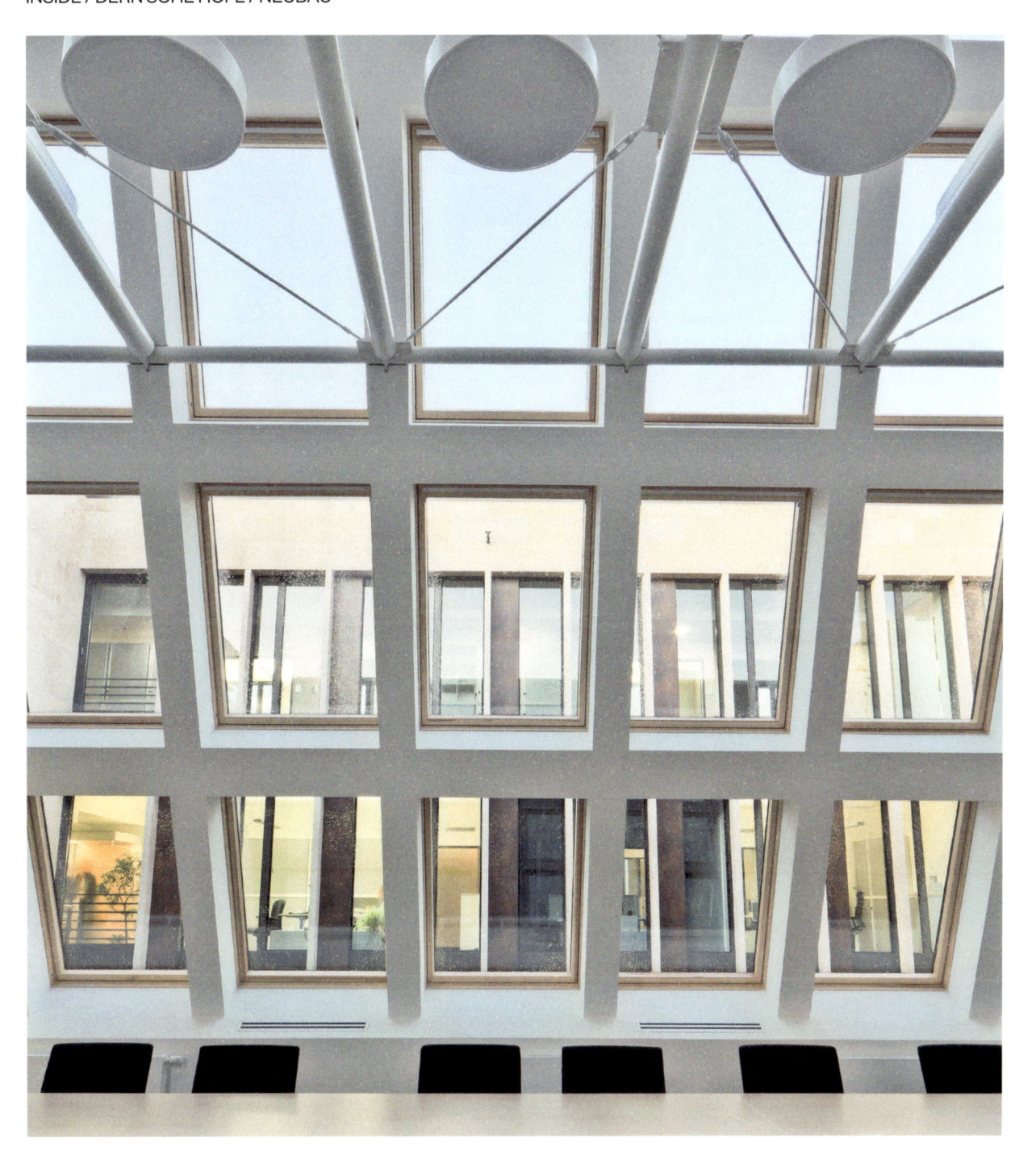

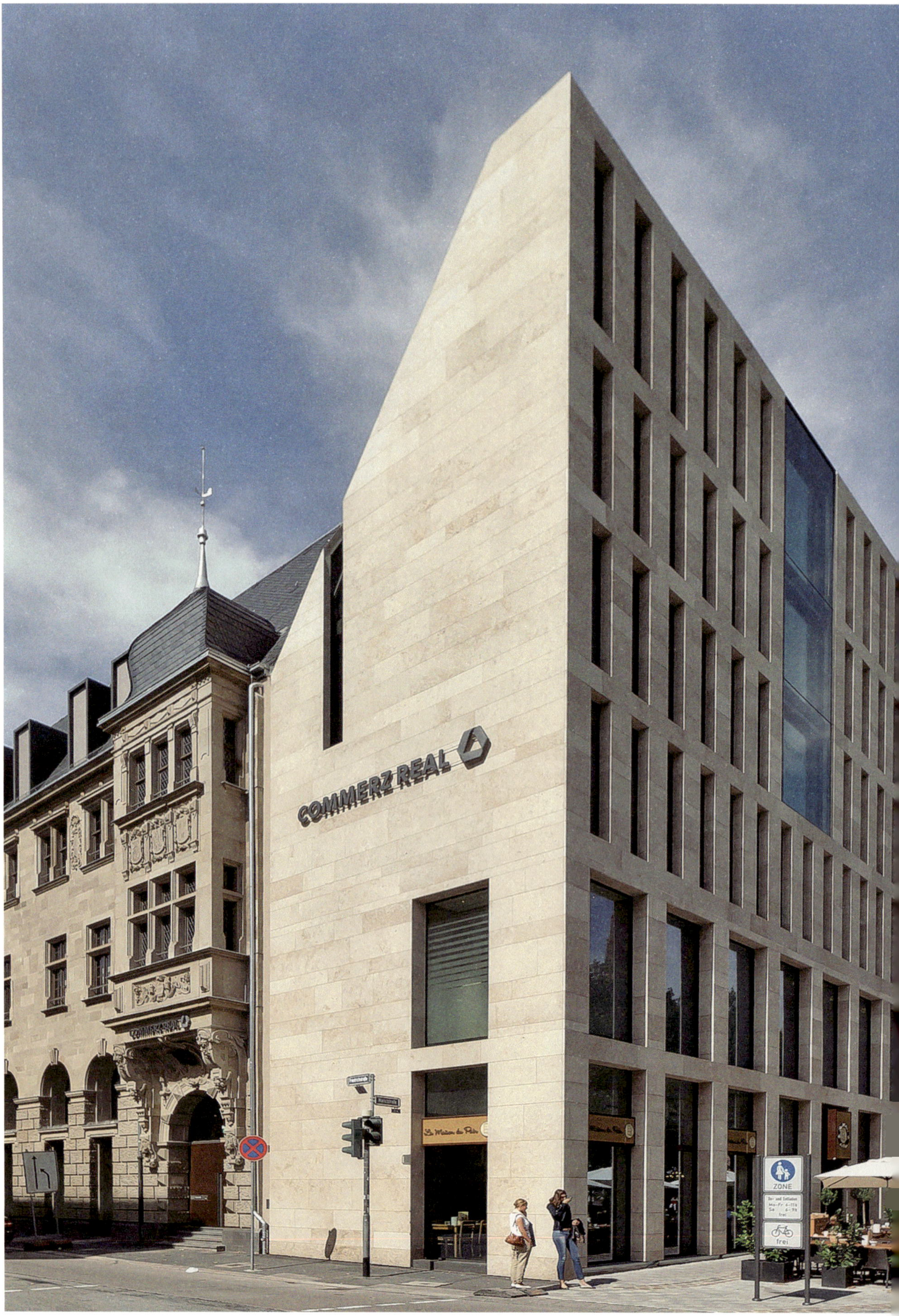
COMMERZ REAL
ZONE
frei

INSIDE / DERN'SCHE HÖFE / NEUBAU

Kirchgasse 42-44
Douglashaus

BAUHERR: PROJEKTENTWICKLUNG KIRCHGASSE GMBH
STANDORT: KIRCHGASSE 42-44, 65183 WIESBADEN
BGF: 1.550 M²
FERTIGSTELLUNG: 2007

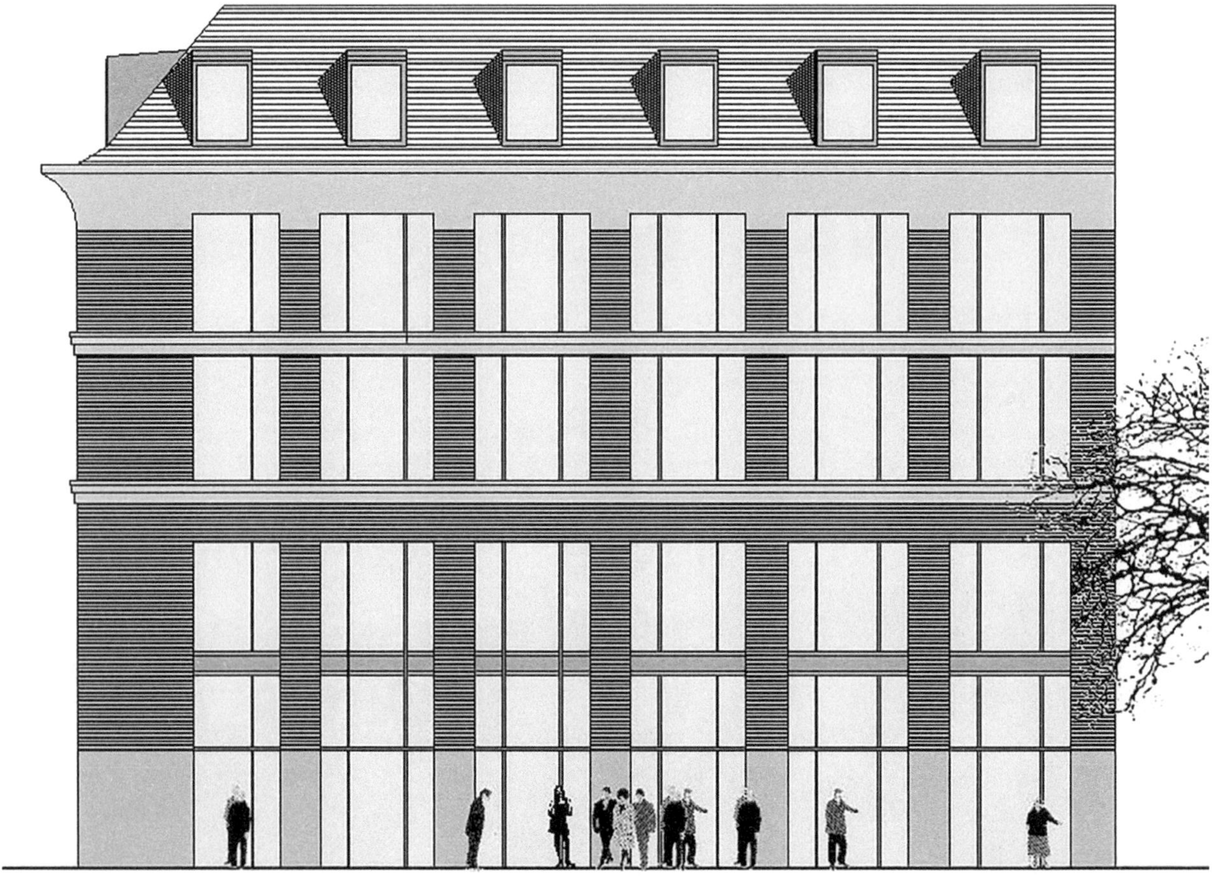

Die Traufe interpretiert die Formensprache der Gesimse neu

Das Haus befindet sich in prominenter Innenstadtlage Wiesbadens. Vor dem Umbau bestand das Gebäude ursprünglich aus zwei Baukörpern mit drei Ladenzonen, sowie einer zusätzlichen Überbauung im Innenhof ohne gestalterischen Zusammenhang. Mit der grundlegenden Sanierung und Instandsetzung wurde das Haus als klare Einheit mit repräsentativer Fassadengestaltung zur Fußgängerzone zusammengefasst und ausgebaut. Das Erdgeschoss ist über eine Rolltreppe mit den weiteren Obergeschossen als großzügige Geschäftszone verbunden. Im dritten Obergeschoss befinden sich die Verwaltungsräume.

Das alte Dachgeschoss wurde komplett abgerissen und aus statischen Gründen in Leichtbauweise neu aufgesetzt. Hier befinden sich vier attraktive Wohneinheiten. Zwei dieser Wohneinheiten wurden jeweils um einen Atriumhof errichtet, der die Räumlichkeiten mit natürlichem Tageslicht durchflutet. Von den Straßenräumen präsentiert sich das Douglas-Haus als markantes Eck-Gebäude durch eine komplette Neugestaltung der Fassade, die in enger Abstimmung mit Stadtplanung, Denkmalbehörde und Bauaufsicht erfolgte.

Eine zweigeschossige Verglasung fasst das Erdgeschoss mit dem ersten Obergeschoss zu einer Sockelzone zusammen, die sich nach außen öffnet und sich in ihrer Aufteilung und Anmutung in den Straßenraum eingefügt. Die Fassadenmaterialien aus Ziegel und Naturstein werten die Kirchgasse an dieser Stelle nachhaltig auf. Die ausladend gewölbte Traufe des Dachgeschosses, die die Formensprache der angrenzenden Gesimse neu interpretiert, verleiht dem Haus hierbei einen unverwechselbaren Wiedererkennungswert.

Marktstraße 21

BAUHERR: PRIVATER BAUHERR
STANDORT: MARKTSTRASSE 21, 65183 WIESBADEN
BGF: 625 M²
FERTIGSTELLUNG: 2003

Grundriss
Verkaufsraum

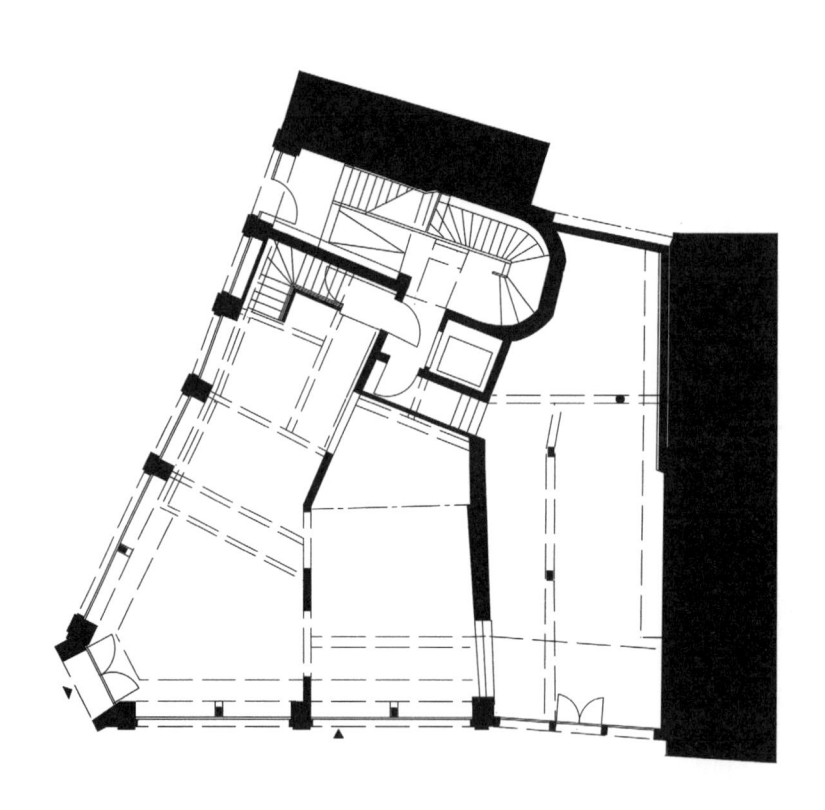

INSIDE / MARKTSTRASSE 21 / SANIERUNG

Knopf im Ohr – das Neue wird Teil des Alten

Das markante Gebäude befindet sich in der Fußgängerzone in unmittelbarer Nähe des historischen Stadtkerns von Wiesbaden. Die umfassenden Sanierungs- und Modernisierungsarbeiten dieses Kulturdenkmals wurden in enger Absprache mit der Denkmalpflege durchgeführt und schlossen neben den Abbruch- und statischen Ertüchtigungsarbeiten auch den Neubau von Gebäudeteilen an der bestehenden Bausubstanz mit ein. Die nicht mehr vorhandenen originalen Fensterfassaden der Erdgeschossläden sind in ihren Dimensionen auf die ursprünglichen Maße zurückgeführt. Im Inneren der Geschäfte sind neue, für den Verkauf offene Galerien eingefügt. In Anlehnung an das historische Vorbild wurde die vorhandene fünfteilige Falttüranlage abgebrochen und eine neue Eingangssituation geschaffen. Mittig sitzt eine zweiflügelige Tür, die seitlich je von einer Festverglasung flankiert wird. Die vier neuen Stahlstützen in der Fassade stellen eine moderne Interpretation der historischen Fassadenaufteilung dar. Auf der Innenseite der Fassadenkonstruktion stehen die tragenden Stahlträger. Die Fassade wurde als Stahl-Glas-Konstruktion ausgeführt und erhielt ein Farbkonzept, das farblich an den Bestand angepasst wurde. Das Neue wird Teil des Alten.

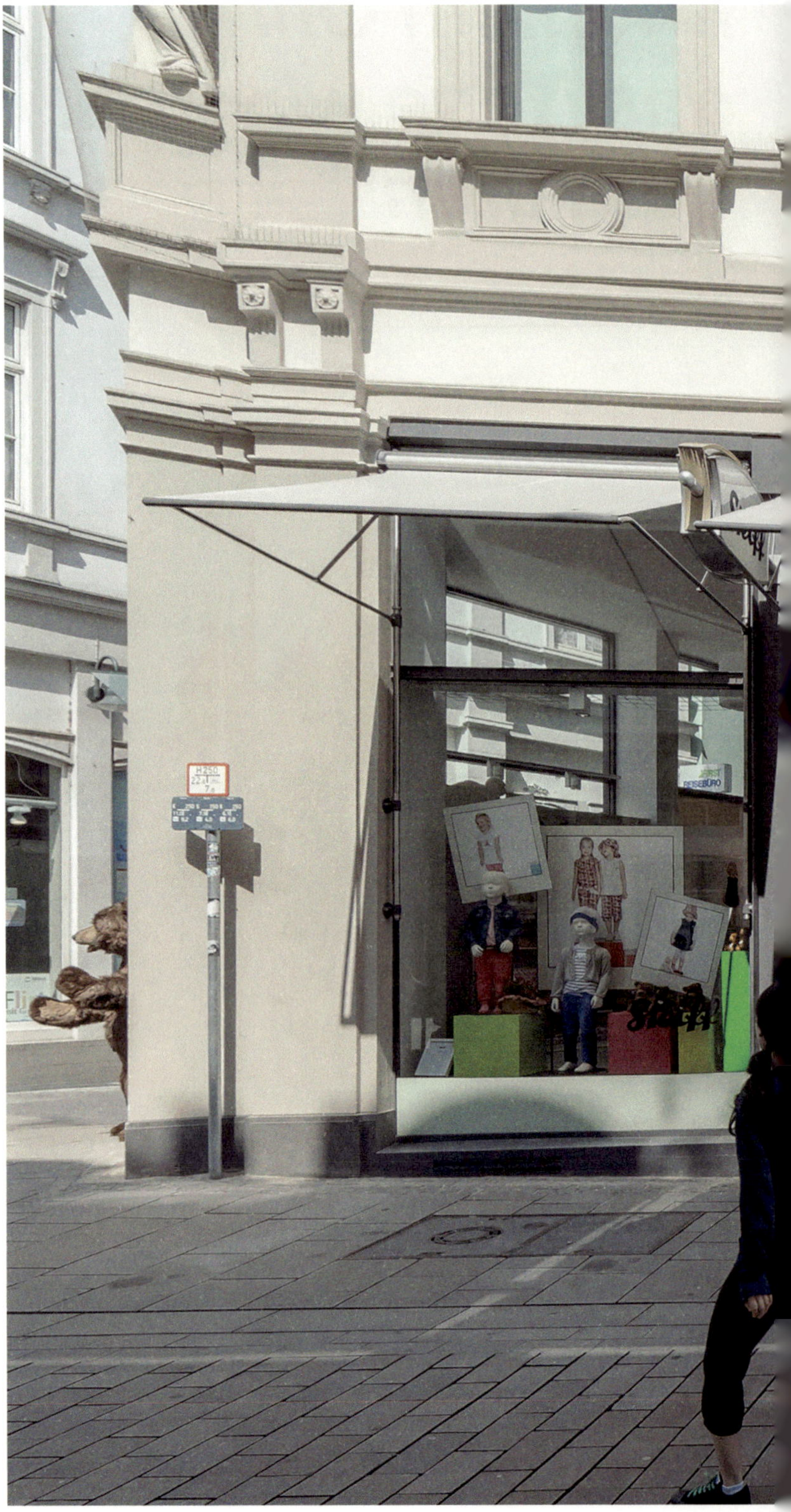

INSIDE / MARKTSTRASSE 21 / SANIERUNG

Mauritiushaus

BAUHERR: SAVARPA IMMOBILIEN GMBH
STANDORT: MAURITIUSPLATZ 2, KLEINE KIRCHGASSE 4, 65183 WIESBADEN
BGF: 1.760 M²
FERTIGSTELLUNG: 2015

Das Mauritiushaus befindet sich in der Fußgängerzone der Wiesbadener Innenstadt, an der Ecke des Mauritiusplatzes zur Kleinen Kirchgasse. Nach außen zeigt sich das Neue des Mauritiushauses durch eine komplette Neugestaltung der Fassade. Diese wurde in enger Abstimmung mit dem Stadtplanungsamt konzipiert und fügt sich in ihrer Aufteilung und Anmutung in das bestehende Ensemble des Mauritiusplatzes ein. Die gewählte hochwertige Fassadenmaterialität aus Sichtmauerwerk dient der nachhaltigen Aufwertung des Mauritiusplatzes.

Das Gebäude wird unter anderem als Geschäftshaus genutzt. Im Erdgeschoss und Unterschoss befindet sich ein Einzelhandelsgeschäft, das über eine interne Treppe miteinander verbunden ist. Büronutzungen finden sich vom ersten bis ins dritte Obergeschoss wieder. Das alte Dachgeschoss wurde abgebrochen und neu konzeptioniert, sodass mehr Nutzfläche gewonnen werden konnte. Zum Innenhof des Gebäudes wurde ein 2-geschossiger Anbau ergänzt, dessen Dachterrasse zum Verweilen einlädt.

Hochhaus an der Kirchgasse

Das ehemalige Gebäude der Wiesbadener Stadtwerke wurde von einer neuen Betreibergesellschaft gekauft. Hiermit verbunden war die planerische und bauliche Aufwertung des Gebäudes mit einer differenzierten Neugestaltung der Fassade als Portal zur Fußgängerzone in der Kirchgasse. Das Hochhaus wurde somit markantes Merkzeichen mit Fernwirkung. Das Gebäude gliedert sich in einen soliden sechsgeschossigen Sockel aus Naturstein als Antwort auf die umgebende Bebauung, sowie in eine leicht aufgesetzte, farbige Turmscheibe, die sich nach oben hin entmaterialisiert und sich im Stadtraum auflöst. Beide Gebäudeteile bilden in ihrer klaren Fassadengliederung eine Einheit, die zum klassizistischen Umfeld korrespondiert.

Die Stringenz des Fassadenrasters erlaubt es, frei akzentuierte Formen und schimmernde Farben einzubinden, die das historische Umfeld mit Erkern, Gesimsen und Loggien belebend interpretieren und gleichzeitig den Charakter des Stadtraumes in Bezug auf Höhenentwicklung und Wertigkeit der Straßenkanten stärken.

BAUHERR: KARSTADT IMMOBILIENGESELLSCHAFT
STANDORT: KIRCHGASSE 2, WIESBADEN
BGF: 8.500 M²
FERTIGSTELLUNG: 2008

**Markantes Merkzeichen
mit Fernwirkung**

INSIDE / HOCHHAUS AN DER KIRCHGASSE / SANIERUNG / ANBAU

Während der Moderne verpönt, kehrt das »Ornament« in die Architektur zurück. Heute wirft man ihm keinen Mangel an Funktion mehr vor, was an technischer Innovation und neuem Funktionsbegriff liegt. Ornamente schmücken Gebäude nicht nur, sondern haben auch eine gliedernde, rhythmisierende und somit ordnende Funktion. Zu den traditionellen formalen Mitteln der Ornamentik zählen Wiederholung, Reihung, Überschneidung, Verflechtung, Spiegelung, Drehung, Symmetrie der einzelnen Elemente. Wie diverse Beispiele zeigen, sind dabei die Übergänge vom Ornament zum Bild oder auch zur Dekoration, zu Schrift oder Muster heute fliesend.

Der Architekturtheoretiker Mark Cousins nennt es ein *»Etwas, das sich nicht anbinden oder definieren«* lasse. Seine einstige, schon im 19. Jahrhundert verlorene Rolle als Komponente eines einheitlichen Zeitstils wie Gotik oder Barock hat es nie wieder erlangt. Aber eins ist klar: Seit geraumer Zeit erlebt das Ornament in der Architektur eine optische und taktile Neubestimmung.

Überholt ist also offenbar der berühmte Vortrag des Wiener Architekten Adolf Loos von 1910 über »Ornament und Verbrechen«, wo Ornamente abwertend in die Sphären der tätowierten Verbrecher und degenerierten Aristokraten verwiesen sind. Der Autor rückt das Ornament in die Nähe von allem, was dem Publikum wild, fremd oder gefährlich erscheinen konnte. Auch wenn das Ornament in der Praxis nie ganz aus der Moderne verschwand, so geriet es doch damals enorm unter Druck. Doch geht es auch um die kommunikativen Möglichkeiten von Architektur und um das *»Ornament«* als Träger für Symbolik, dem in erster Linie eine rhetorische Aufgabe zukommt. Was aber durch einen Bau und seine Ornamentik kommuniziert wird – etwa seine Zweckbestimmung, ein Lokalbezug, soziale Ambitionen der Bauherrschaft oder die Aura einer Marke –, unterscheidet sich im Einzelfall stark. Es fordert auf alle Fälle ein Hinschauen heraus.

Ansicht
Hochhaus
Kirchgasse
Fußgängerzone

Kirchgasse 13

BAUHERR: AACHENER GRUNDVERMÖGEN KAPITALVERWALTUNGSGESELLSCHAFT MBH
STANDORT: KIRCHGASSE 13, 65185 WIESBADEN
BGF: 1.500 M²
FERTIGSTELLUNG: 2018

Das Projekt ist ein entscheidender Beitrag zur innerstädtischen Entwicklung Wiesbadens. Das Konzept des Hauses soll dabei nachhaltig zur Revitalisierung der Fußgängerzone beitragen. Das bestehende Gebäude Kirchgasse 13 wurde abgebrochen und durch einen Neubau ersetzt.

Das Bestandsgebäude Kirchgasse 11 blieb erhalten und wurde durch minimale Eingriffe aufgewertet. Die einstige Nutzung beider Gebäude als Wohn- und Geschäftshaus wurde dabei erhalten. Eine zweigeschossige Verkaufsfläche im Erdgeschoss und im Obergeschoss wurde geplant. Im zweiten Obergeschoss der Kirchgasse 13 befinden sich die Nebenräume für die Ladeneinheit.

Ab dem zweiten Obergeschoss bis zum Dachgeschoss sind Wohnungen für ein angenehmes städtisches Wohnen errichtet. In der Kirchgasse 11 blieben die Wohnungen im zweiten Obergeschoss bis zum Dachgeschoss erhalten, die dem gegenwärtigen Bedarf an innerstädtischem Wohnen nachkommen. Eine weitere Wohnung wurde im zweiten Obergeschoss ausgebaut.

Die ruhig gestaltete Außenfassade mit einer klassisch vertikalen Gliederung orientiert sich an den Nachbarhäusern. Durch die gewählte Materialität und Fassadengliederung entstand ein eigenständiger Neubau, der seinen Kontext nicht infrage stellt. Das Haus wirkt modern und harmonisch zugleich.

INSIDE / KIRCHGASSE 13 / NEUBAU

ESWE Versorgungs AG Hauptverwaltung

BAUHERR: ESWE VERSORGUNGS AG
STANDORT: KONRADINERALLEE 25, 65189 WIESBADEN
BGF: 11.500 M²
FERTIGSTELLUNG: 2008

STADTWERKE WIESBADEN
EINGANGSSITUATION
M 1:50
CHIARAMONTE ARCHITEKT

INSIDE / ESWE VERSORGUNGS AG HAUPTVERWLTUNG / NEUBAU

Ziel der Stadtwerke Wiesbaden war es, sich innerhalb der Verwaltung neu zu organisieren und Geschäftsbereiche auf kurzen Wegen zusammen zu legen und zu verzahnen. Die einzelnen Verwaltungen sollten in einem zentralen Gebäude zusammengeführt werden.

Die so neu entstandene Hauptzentrale der Stadtwerke Wiesbaden ist ein viergeschossiger Gebäudekomplex aus teilweise vorhandenen und neu erstellten Gebäuden, die gestalterisch eine Einheit bilden.

Die beiden bereits bestehenden Bauten wurden mittels einer vorgestellten, intelligenten Glasfassade mit den Neubauten vereint. Diverse Sitzungssäle und Büroflächen sowie die Vorstandsetage gruppieren sich um eine lichtdurchflutete, natürlich klimatisierte, mit Glaselementen überdachte Empfangshalle samt Wasserbecken und Bäumen. Aufgrund der Überdachung konnten die innen liegenden Fassaden zur Halle in Leichtbauweise hergestellt werden. Hierbei wurden Akustikplatten als Brüstungselemente integriert. Die Empfangshalle kann somit auch für Großveranstaltungen oder konzertante Aufführungen benutzt werden.

Ferrari
Deutschland

BAUHERR: FERRARI DEUTSCHLAND GMBH
STANDORT: STIELSTRASSE 3, 65201 WIESBADEN
BGF: 2.100 M²
FERTIGSTELLUNG: 1991

Ferrari Deutschland ist die Zentralstelle für den Vertrieb eines Markenzeichens innerhalb Deutschlands. Das Gebäude ist nicht nur Hightech-Hülle, sondern auch als Ort konzipiert, der die Wahrnehmung auf Details lenkt, welche an die Präzision und den Glanz eines Rennwagens erinnern. Farbgebung und Gestaltung der Hauptverwaltung nehmen die Designsprache als Corporate Identity auf und interpretieren sie neu. Die Haut des Gebäudes als großformatige Glasfassade spiegelt die Tageszeiten im Rauminneren wieder. Große Raumvolumen mit einem eingestellten Zwischengeschoss erlauben flexible Ausstellungskonzepte.

Gemeindezentrum der evangelischen Kreuzkirchengemeinde

BAUHERR: EVANGELISCHE GESAMTGEMEINDE
STANDORT: WALKMÜHLTALANLAGE 1, 65195 WIESBADEN
BGF: 1.100 M²
FERTIGSTELLUNG: 2014

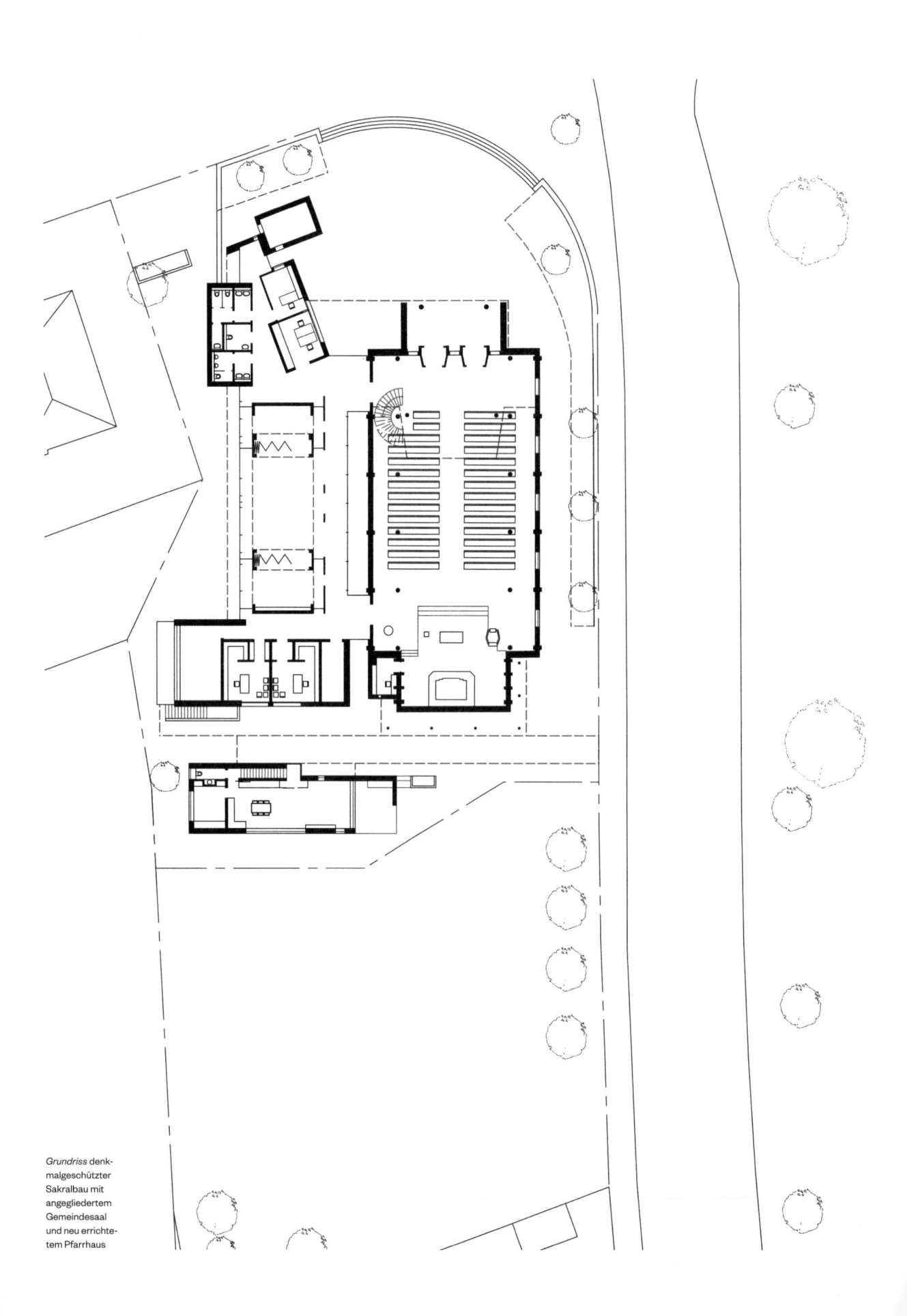

Grundriss denkmalgeschützter Sakralbau mit angegliedertem Gemeindesaal und neu errichtetem Pfarrhaus

Ein Raumkonzept das durch Kraftlinien bestimmt wird

Die Kreuzkirchengemeinde zählte zu Planungsbeginn etwa 3.300 Gemeindemitglieder. Nach den Richtlinien der EKHN entsprach das vorhandene Gemeindezentrum damit nicht mehr den räumlichen Vorgaben der Landeskirche. Eine Verkleinerung / Neuorganisation der Gebäude und somit eine Verbesserung der Abläufe der Gemeindearbeit sollte durch ein neu konzipiertes Gemeindezentrum erreicht werden.

Da die Gebäude des Gemeindezentrums in ihrer Grundsubstanz, insbesondere in energetischer Hinsicht, nicht mehr dem heutigen Standard entsprachen, wurde ein Neubau errichtet. Im Zuge der Neustrukturierung des großen Kirchengrundstückes, welches teilweise geteilt und veräußert wurde, konnte ein neues Gemeindezentrum und ein neues Pfarrhaus in verkleinerter, kompakter Form im Passivhaus-Standard entstehen.

Ebenfalls wurde mit dieser Baumaßnahme die Außenhülle des Kirchengebäudes saniert. Der großzügige Gemeindesaal und mehrere Räume für die Kirchen- und Jugendarbeit werden vielfältig im Rahmen eines aktiven Gemeindelebens genutzt. Der Saal kann durch mobile Trennwände von verschiedenen Gruppen bespielt werden. Große Glasöffnungen und ein Lichthof lassen eine helle freundliche Atmosphäre entstehen.

Das Gemeindezentrum rückt durch den Lichthof etwas von der Kirche ab. Der denkmalgeschützte Sakralbau wird somit freigestellt und ist in seiner prägnanten Gestalt allseitig erlebbar. Ein großes Vordach verbindet den Kircheneingang mit dem Zugang zum Gemeindezentrum. Das Kirchengebäude als Kulturdenkmal bildet mit dem Neubau des Pfarrhauses und dem Gemeindezentrum ein Gebäudeensemble. Es definiert, buchstäblich hervorgehoben durch den großzügig gestalteten Vorplatz, das Entree zum Landschaftspark Walkmühltalanlage.

Orte für das Wort – Räumlichkeiten für den Himmel

Sakrale Gebäude erhalten dann ein gelungenes Raumkonzept, wenn es durch Kraftlinien bestimmt wird, die durch Ästhetik, Funktion und atmosphärische Zuordnung in einem ausgewogenen Spannungsverhältnis miteinander stehen. Hervorgerufen wird dieses Spannungsverhältnis durch den Einfluss klarer stringenter Linienführung, ohne Schnörkel mit dem Blick auf das Wesentliche: das erhabene Erleben des Göttlichen. In der christlichen Architektur in der Gestalt von dem dreieinigen Gott: Vater, Sohn und Heiligem Geist.
1979 bis 2019. 40 Jahre *Zaeske & Partner*, 40 Jahre auch Gestaltung von Kirchräumen. In dieser Zeit hat sich vieles im Glaubensbereich gewandelt. Stand in den 50er Jahren das Ermahnende angesichts der Katastrophe des Dritten Reiches im Vordergrund, die Verarbeitung der Schrecken. Waren es in den 70er und 80er Jahren aufgrund der Studentenbewegung der gesellschaftlichen Verhältnisse der profane Versammlungsraum für politische Meinungsbildung, so entdeckte man in der Kirche in den 90er Jahren das Heilige neu, den Raum, der uns über alles Irdische hinaus verbindet mit denen vor uns, neben uns und nach uns.

INSIDE / GEMEINDEZENTRUM DER EVANGELISCHEN KREUZKIRCHENGEMEINDE / PFARRER RALF SCHMIDT

Kirchen- und Gemeinderäume heute müssen dem jetzigen Glaubensleben Rechnung tragen: Raum der Stille neben dem Raum für Austausch und Miteinander, Heiliges und Profanes ist zu verwirklichen unter einem Dach und offen für viele. So sind der Umbau der Kirchengemeinde in Mainz-Kastel und die sich auf dem Weg befindliche Umgestaltung der Kreuzkirchengemeinde Wiesbaden zwei Beispiele dafür, wie überholte theologische Positionen überwunden werden können, Bausünden bereinigt und dem neuen Glaubensleben Raum gegeben werden kann mit viel Licht, Offenheit und raumsparender Weite, eingedenk der denkmalschützerischen Verantwortung. Besonders eindrücklich wird dies am Pfarrhaus der Kreuzkirchengemeinde. Es ist einsichtig und offen, mit viel Licht – Sonnenlicht von morgens bis abends- und dennoch einer klaren Trennung von privatem und öffentlichem Raum, ebenso sind die Gemeinderäume geprägt von Offenheit für alle und Raum für geschützte Spiritualität und Beichte. 2019 wird dem dann die Gestaltung der Außenfläche konzeptionell folgen als ein Bereich des sakralen Erlebens und der Entspannung für jedermann. Die Innengestaltung des Kirchraumes wird sich später ebenso in dieses Konzept einfügen. Doch dieser heiligste Raum einer Gemeinde unterliegt besonderen Herausforderungen. Diesen nachzuspüren gelingt dem Hause *Zaeske & Partner* immer wieder auf eine besondere Weise. Für mich ein Beispiel ist auch die Kindertagesstätte an der Marktkirche in Wiesbaden.

Doch warum sind Kirchräume so besonders schwer zu verändern, umzugestalten, warum liegen hier oft die Nerven blank? Dies liegt am Herzstück einer Kirchengemeinde, am Gottesdienst, dem Ort an dem ich dem Heiligen, Gott selbst begegne.
Der gefeierte Gottesdienst vollzieht sich immer an konkreten Orten und geht mit diesen in der Wahrnehmung derer, die ihn feiern, eine so enge innige Verbindung ein, dass in der Erinnerung gottesdienstliche Erfahrungen in der Regel in szenisch-räumlich-klanglicher Gestalt aufbewahrt bleiben und die mit dem Gottesdienst verbundenen Inhalte auf eigenwillige Weise in den Hintergrund treten. Von daher ist davon auszugehen, dass Liturgie ein komplexes und keinesfalls auf die Übermittlung theologischer Botschaften zu reduzierendes Geschehen darstellt. Es gibt keine orts- oder personenunabhängige Liturgie „an sich", sondern die einzelnen Sequenzen der gottesdienstlichen Feier (wie Lieder, Lesungen, Gebete, Predigt oder Segen) und die sie (mit ihren menschlichen Körpern) ausführenden Personen werden im Kirchraum und dort wiederum an den besonders hervorgehobenen Punkten wie Altar, Kanzel, Taufstein oder Kirchenbank verortet. Sie benötigen ihren jeweiligen Ort, um sich atmosphärisch entfalten zu können.

Von daher hinterlässt der gefeierte Gottesdienst im Kirchenraum zunächst unsichtbare, aber atmosphärisch wahrnehmbare Spuren, die sich dann jedoch auf Dauer gleich sinnlich wahrnehmbar in den Raum und seine Ausstattungsgegenstände einschreiben und von den Nutzern des Kirchenraumes auch außerhalb des Gottesdienstes gelesen und entziffert werden können.
Wenn also der Gottesdienst nicht auf die binnenkirchliche Sicht des Sonntagmorgengottesdienstes zu begrenzen ist, dann sind Kirchengebäude konsequent die Woche über für den persönlichen Gottesdienst zu öffnen und üben für den »Lebensgottesdienst« (vgl. Römer 12,1ff) eine wichtige Funktion aus, wie es in Mainz-Kastel und hier in der Kreuzkirche verwirklicht wurde. Der hohe Wert Phänomens, dass Kirchenräume mit Lebensgeschichten angereichert werden, darf nicht unterschätzt werden. Er übt deutliche Rückwirkung auf den sonntäglichen Gottesdienst aus. Es ist gar nicht immer erforderlich, dass sich in diesem eine auch im empirischen Sinne repräsentative Gemeinde versammelt. Vielmehr genügt eine stellvertretende (und im Extremfall zahlenmäßig sehr kleine) feiernde »Gemeinde«, da der Kirchenraum ja bereits mit den Lebens-, Glaubens- und Gebetsspuren derer angefüllt ist, welche die Woche über dort Zuflucht, Stille und das Gebet gesucht haben, und diese »Alltagsspuren« nun erneut mit den expliziten Gottesdienstspuren zu einer Einheit verbunden werden.

Die am Sonntagmorgen Gottesdienst feiernde »Gemeinde« braucht daher nicht immer nur den oft lähmenden Eindruck zu haben, eine kleine Anzahl zu sein, sondern kann sich bewusst machen, dass in ihrem Gottesdienst über das Kirchengebäude auch diejenigen mit anwesend sind, welche die Woche über ihr Leben in dieses Kirchengebäude hineingetragen haben.
So stellt Architektur von kirchlichen Räumen heute die große Aufgabe, Orte für das eine Wort zu gestalten und damit Räumlichkeiten für den Himmel selbst zu bieten. Dafür sind für mich die Erlösergemeinde in Mainz-Kastel und die noch nicht ganz fertiggestellte Kreuzkirchengemeinde in Wiesbaden gute Beispiele. Weiter so, *Zaeske & Partner!* Ich freue mich auf einen Artikel zum 50-jährigen Jubiläum! *Pfarrer Ralf Schidt*

Haus der Vereine
Dotzheim

BAUHERR: MAGISTRAT DER LANDESHAUPTSTADT WIESBADEN, HOCHBAUAMT
STANDORT: IM WIESENGRUND 14, 65199 WIESBADEN
BGF: 1.500 M²
FERTIGSTELLUNG: 2017

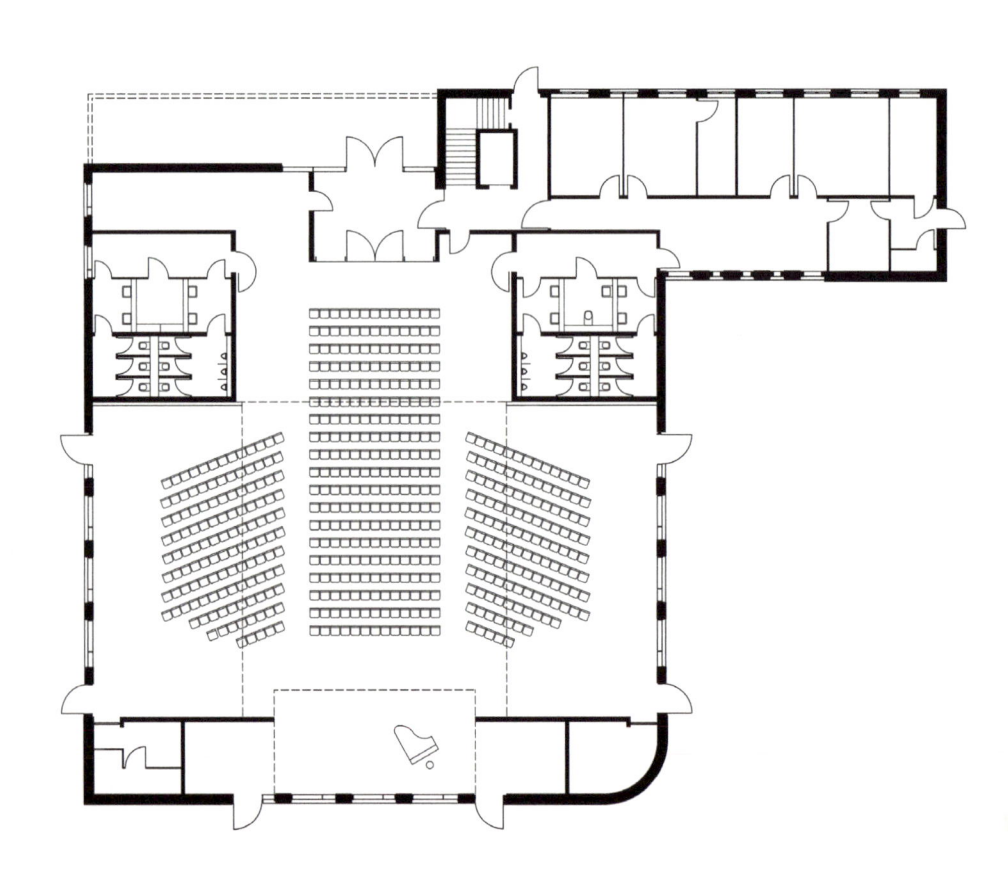

*Grundriss Ver-
anstaltungsraum /
Büro- und
Sozialräume*

INSIDE / HAUS DER VEREINE / DOTZHEIM / NEUBAU

Aufgrund der steigenden Nachfrage und Veränderungen in den vorhandenen Vereinsstrukturen in Dotzheim wurde seitens der Ortsverwaltung und des Ortsbeirates ein erhöhter Bedarf für Veranstaltungsräume und Räume für Vereinsarbeit festgestellt. Dies konnte nicht durch die bestehenden Räumlichkeiten in Dotzheim gedeckt werden, sodass weitere Räumlichkeiten für Vereinsarbeit realisiert werden mussten.

Die Positionierung des neuen Gebäudes auf dem Grundstück erfolgte nach eingehender Abstimmung mit der Bauherrschaft und dem Umweltamt und wurde gewählt so gewählt, dass dem benachbarten Belzbach eine große Renaturierungsfläche zur Verfügung gestellt werden konnte. Die Erschließung erfolgt über den Haupteingang von Süden. Hierbei soll der Zugang aus unterschiedlichen Himmelsrichtungen möglich sein und insbesondere die fußläufige Anbindung an den Stadtkern Dotzheim sowie nahe liegende Bushaltestellen mit berücksichtigen. Im Norden wurde ein Nebeneingang als Liefereingang für Veranstaltungen vorgesehen. Im Bereich der Westfassade befindet sich ein Austritt mit Terrassenflächen als Verweilmöglichkeit, welcher bei Veranstaltungen mitgenutzt werden kann, da diese Zone durch den Baukörper von der umgebenden Nachbarbebauung abgeschirmt wird. Eine Beeinträchtigung der Nachbarschaft durch erhöhte Schallemission wird hierdurch vermieden.

Das Haus der Vereine ist als multifunktionales Gebäude konzeptioniert. Grundsätzlich dient das Haus der Vereinsarbeit und soll Raum für unterschiedliche Vereinsaktivitäten bieten. Zusätzlich zu dieser Nutzung ist die Ortsverwaltung mit Standesamt samt Trausaal untergebracht. Beide Nutzungen sollen sich gegenseitig ergänzen. Um die vielfältige Vereinsarbeit zu unterstützen, wurde ein teilbarer Versammlungsraum mit Vorraum und Nebenräumen vorgesehen. Nach Erfordernis können drei Säle, oder durch Öffnen der Trennwände, ein großer Saal bespielt werden.

Wartburg – Hessisches Staatstheater

Das Kulturdenkmal Wartburg befindet sich am Rand des historischen Fünfecks in der Schwalbacher Straße. Es stammt aus dem Jahr 1906, wurde als Sängerheim errichtet und erinnert in seiner historistischen Architektursprache und dem Namen an den sagenumwobenen Sängerkrieg auf der Wartburg im Thüringer Wald. Seitdem wurde es von unterschiedlichsten Betreibern als Veranstaltungsstätte genutzt. Die überwiegend kommerziellen Nutzungen als Gaststätte und Diskothek, sowie diverse Umbauten hatten starke Spuren an der Gebäudesubstanz hinterlassen. Seit 2003 wird das Haus vom Hessischen Staatstheater als alternative Spielstätte für experimentelle Theaterstücke genutzt.

Neben der eigentlichen bauphysikalischen und denkmalpflegerischen Instandsetzung wurden auch der bauliche und technische Brandschutz nach neusten Erfordernissen ausgebaut. Ein neuer ebenerdiger Zugang mit Aufzug wurde barrierefrei ausgebildet. Durch den Abbruch einzelner Wände konnte das Theater im Obergeschoss in seiner Spielfläche vergrößert werden; auch das angrenzende Foyer wurde im Zuge der Neugestaltung erweitert.

Die Gaststätte im Erdgeschoss wurde komplett umgebaut. Großformatige Fenster, die sich nach dem historischen Vorbild orientieren, sowie ein neues mit Bäumen begrüntes Terrassendeck aus Naturholz im Innenhof erweitern die Räumlichkeiten und lassen diese zusammen mit dem Straßenraum zu einer einladenden Geste verschmelzen.

BAUHERR: LANDESHAUPTSTADT WIESBADEN
STANDORT: SCHWALBACHER STRASSE 51, 65183 WIESBADEN
BGF: 2.000 M²
FERTIGSTELLUNG: 2010

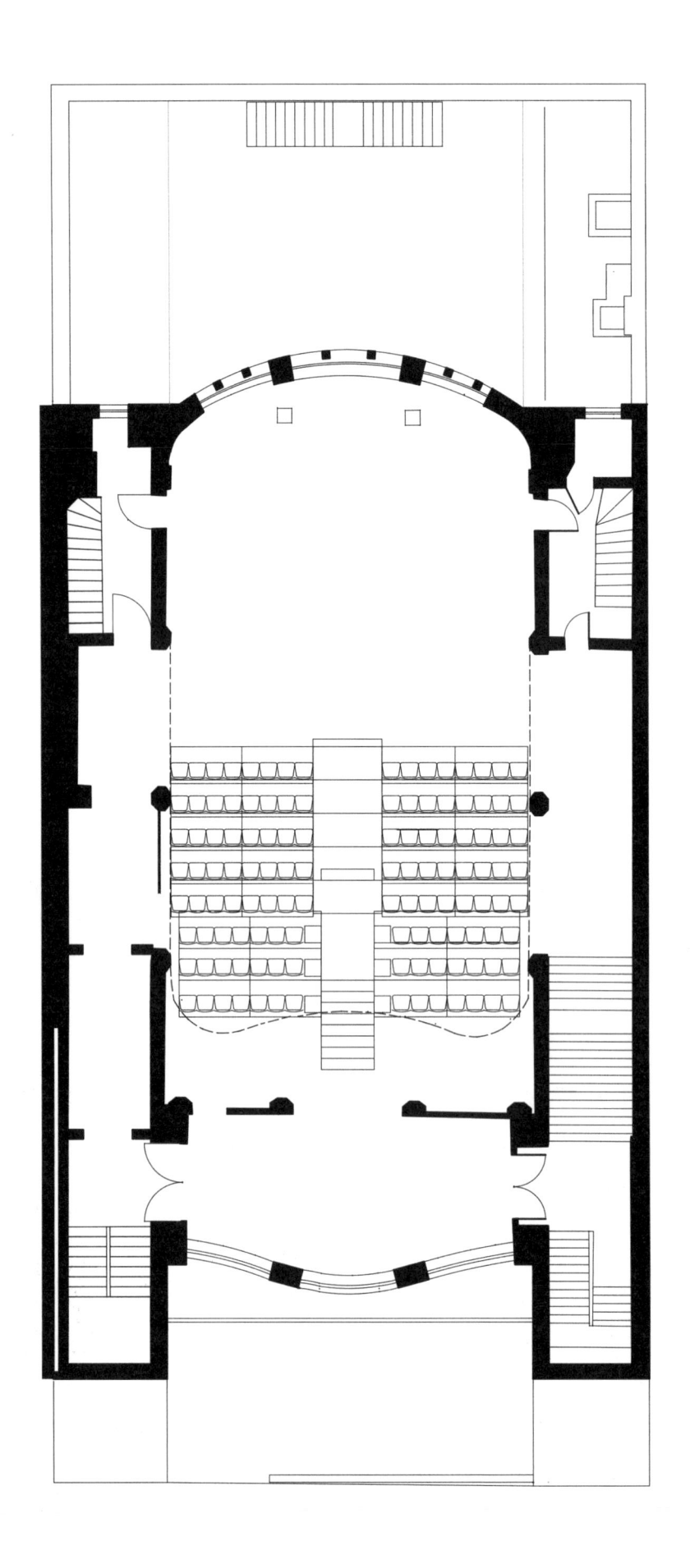

Grundriss Veranstaltungsraum / Tribünenanlage

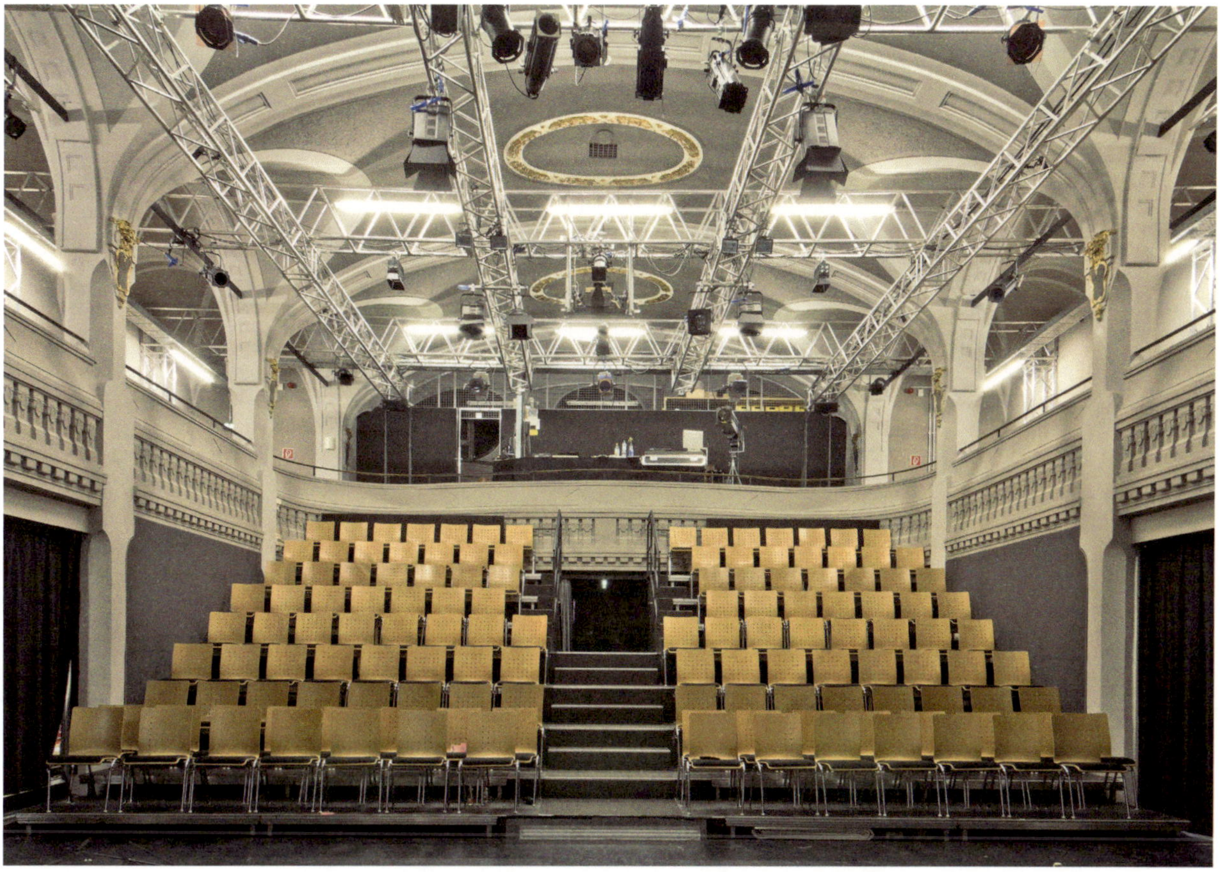

Ein Raum für »Kunstgefixe«
Die Theaterwundertütenfete
mit Anfassen

INSIDE / WARTBURG – HESSISCHES STAATSTHEATER / UWE ERIC LAUFENBERG

Jeder Theaterraum hat eine Aura. Das gilt natürlich für die Säle, die von vornherein fürs Theater konzipiert wurden. Verstärkt aber gilt es für Räume, die einmal für einen ganz anderen Zweck bestimmt waren und erst später umgewidmet wurden. Wenn solche Säle nicht total entkernt wurden, dann durchweht sie immer der Geist vergangener Nutzung. Der *Mousonturm* in Frankfurt etwa gehörte zu einer Seifenfabrik, *Kampnagel* in Hamburg war eine Maschinenfabrik, in Berlin diente der zur *Volksbühne* gehörende Prater als Bierausschank und Vergnügungsstätte, das *Maxim-Gorki-Theater* beherbergte die Sing-Akademie, und die *Sophiensaele* in Berlin waren einmal die Begegnungsstätte des Handwerkervereins und boten Raum für viele politische Versammlungen.

Auch die *Wartburg* in Wiesbaden ist so ein Theaterraum mit einer Aura, die sich aus einer bewegten Vergangenheit speist. Das Gebäude an der Schwalbacher Straße wurde Anfang des 20. Jahrhunderts als Veranstaltungsstätte eines Männergesangsvereins eingeweiht und erlebte bis zum Ende des Kaiserreiches Chorkonzerte, Bälle und große Gesellschaften. Die Architektur mit der umlaufenden Galerie erinnert bis heute daran. Später war die Wartburg vieles: Bildungsheim, Offiziersklub, Swing-Bar, Diskothek. Sting ist hier 1979 aufgetreten, eine Zeit lang ging die *Bhagwan-Sekte* hier ein und aus, Sven Väth hat hier gefeiert, die frühe Techno-Szene hat sich hier getroffen. Das alles hängt noch irgendwie in der Luft, wenn man die Wartburg betritt.

Seit 2003 ist die Wartburg eine Spielstätte des Hessischen Staatstheaters Wiesbaden. Dass die Wartburg kein genuiner Theaterraum ist, steht dabei außer Frage: Die hallige Akustik ist mitunter durchaus problematisch, und weder Bühne noch Tribüne sind fest eingebaut. Man wird hier also nicht das große, repräsentative *Guckkasten-Theater* machen wollen – warum auch, dafür gibt es in Wiesbaden die Bühnen im Staatstheater selbst. Doch umso mehr bietet sich die Wartburg für Experimente mit dem Raum und unterschiedlichen Formaten an. Als besonders gelungen dürfen in der Zeit meiner Intendanz nicht zuletzt Inszenierungen gelten, die mit gänzlich individuellen Raum- und Bühnenlösungen aufwarteten: Für Jan Philipp Glogers Produktion von »*Kafka/Heimkehr*« etwa ersann Franziska Bornkamm einen Bühnenraum, in dem das Publikum in Sesseln zwischen zwei Bergen aus über- und ineinander gestapeltem Mobiliar saß. Und in Henriette Hörnigks Inszenierung des »*Fröhlichen Weinbergs*« von Carl Zuckmayer verwandelt sich die Wartburg in einen Weinausschank, durch den sich ein Steg für die Auftritte der Schauspieler zieht. Auch Brisantes hatte hier seinen Ort: Ihsan Othmann inszenierte hier Salman Rushdies »*Satanische Verse*«, wofür die Wartburg allen Ernstes unter Polizeischutz gestellt werden musste.

Im gewissen Sinne zu sich selbst kommt die Wartburg immer dann, wenn sie sich auch dem Geselligen öffnet und neben der darstellenden Kunst auch zur Begegnungsstätte wird. Während der zweiten von Maria Magdalena Ludewig und Martin Hammer verantworteten Wiesbaden Biennale des Staatstheaters zog in die Wartburg der »*Migrantenstadl*«: ein »*Umschlagplatz von und für radikal unterhaltsame Parallelgesellschaften aus Kanak-Stars, Textterroristen und Dadaisten, Filmfreaks, Rap-Ladies, Boxern*«. Ja, auch Boxern – denn bei einer professionell organisierten Box-Veranstaltung kam der alte Saal mächtig ins Schwitzen und ließ Hochkultur auf Breitensport treffen. Das Schauspielensemble des Staatstheaters tritt in der Wartburg zudem monatlich und mittlerweile kultverdächtig erfolgreich mit seinem »*Kunstgefixe*« auf, ein jeweils spontan entwickeltes und in alle Richtungen offenes Format, das jeweils mit einer Party endet.

Ausgehend von diesen glücklichen Erfahrungen werden wir das Profil der Wartburg als Theater in Zukunft noch weiter schärfen. Ab der Spielzeit 2019 / 2020 wird die Wartburg dezidiert ein Theater sein, das vor allem jungen Leuten einen Ort der Begegnung bieten soll – mit der Kunst, mit dem Leben und miteinander.

Wohnen am Rhein
Biebrich

BAUHERR: GAGFAH IMMOBILIENMANAGEMENT GMBH
STANDORT: RHEINGAUSTRASSE, 65203 WIESBADEN
BGF: 9.100 M²
FERTIGSTELLUNG: 2002

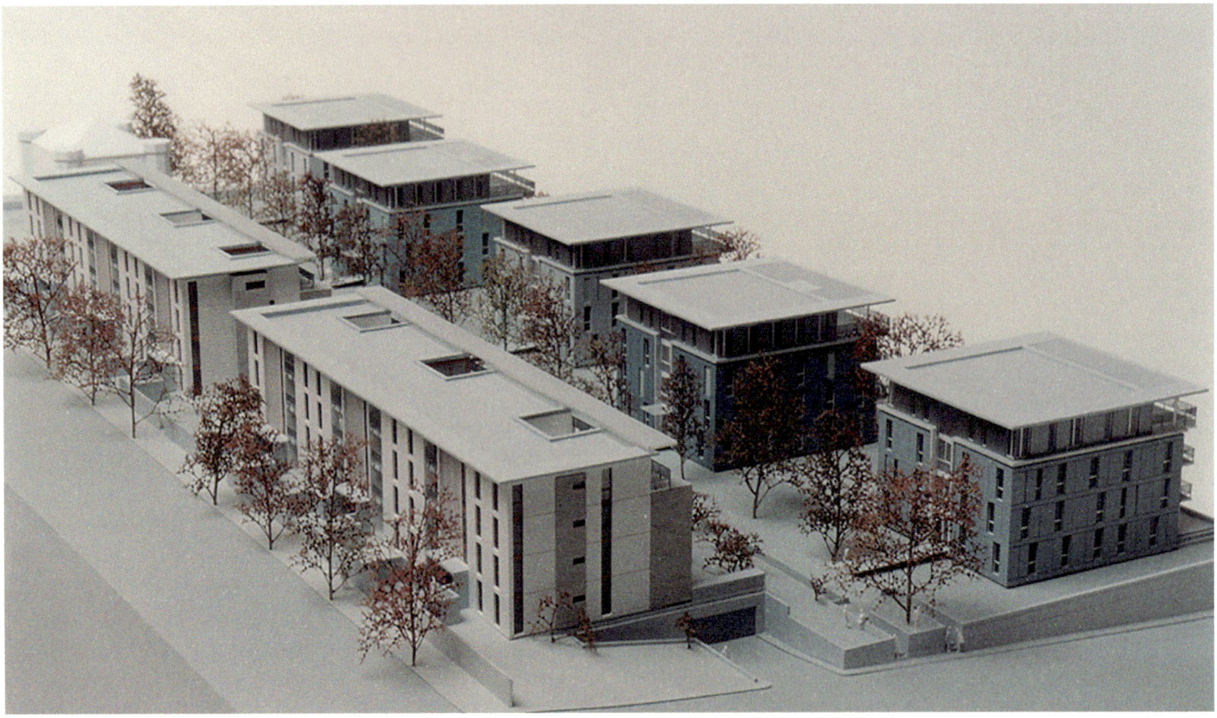

Grundriss
Punkthaus
Vier Zimmer-
Wohnungen

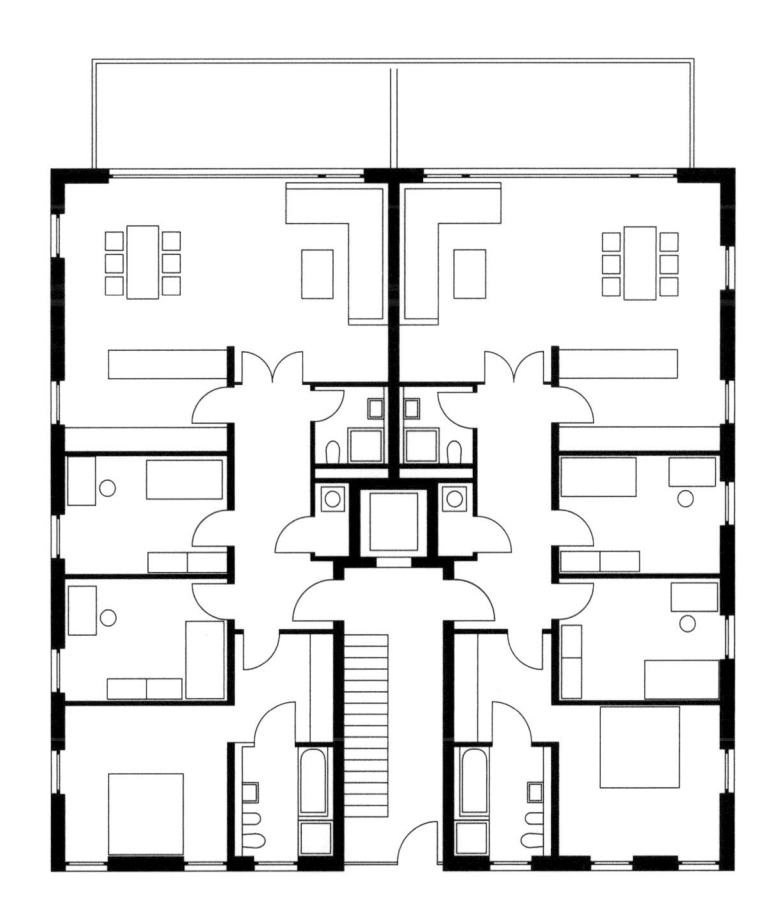

Offene und geschlossene Flächen im Zusammenspiel

Auf dem Grundstück an der Rheingaustraße befindet sich der Wohnpark mit insgesamt 82 Wohneinheiten. Diese verteilen sich auf zwei Hauszeilen sowie fünf Punkthäuser an der Uferstraße, der Verlängerung zur Uferpromenade zum Biebricher Schloss.

Mit der neuen Wohnbebauung entsteht eine parkähnliche Anlage mit Verweil- und Spielzonen, die in viel Grün eingebettet sind. Durch die sich nach Süden hin öffnende Bauweise der Villen entstehen großzügige räumliche Durchblicke, sodass sich auch die Rheingaugebäude zum Rhein orientieren können. Die Anlage ist von einer großzügigen räumlichen Verknüpfung in Ost-West-Richtung durchzogen, deren Achse der Parkweg mit einer begleitenden Baumreihe gesäumt ist, sowie zwei weiteren offenen räumlichen Verbindungen in Nord-Süd Richtung, die von der Rheingaustraße bis zur Uferstraße reichen. In der Wohnanlage gibt es eine abwechslungsreiche Mischung verschiedener Wohnungstypen.

INSIDE / WOHNEN AM RHEIN / BIEBRICH / NEUBAU

Die Fassaden unterstreichen das Konzept der aufgelockerten Bebauung sowie den Charakter der unterschiedlichen, individuell zugeschnittenen Grundrisse innerhalb der Wohnungen. Die Lebendigkeit der Fassade der Rheingaugebäude entsteht durch die beweglichen Holz-Schiebeelemente der Balkone auf der Südseite sowie durch die abwechslungsreiche Gliederung von Treppenhäusern, Loggien und Wandflächen auf der Nordseite. Die raumhohen Fenster der Nordseite erhalten vorgesetzte Schiebe-Klappläden aus Holz. Die helle Putzfassade korrespondiert mit den warmen Holztönen der beweglichen Schiebeelemente, die als Sicht- und Sonnenschutz dienen. Der individuelle Charakter der Villen wird durch den spielerischen Umgang mit einem verspringenden Raster aus raumhohen Fenstern erreicht, das auf die verschiedenen Grundrisse der Wohnungen reagieren kann. Den Fenstern sind großflächige Schiebeelemente zugeordnet, die mit den feststehenden Fassadentafeln ein überraschendes Zusammenspiel zwischen offenen und geschlossenen Flächen bieten. Darüber hinaus haben die Fassaden der Villen unterschiedliche nuancierte Farbschattierungen, was allen Gebäuden und jeder einzelnen Wohnung zusätzlich einen ganz individuellen Charakter verleiht.

Die individuellen Wünsche und Bedürfnisse der Bewohner, ihre Räume zum Grün hin zu öffnen, halb zu verdecken oder auch ganz zu schließen, werden durch die Anordnung der Schiebeelemente erfüllt und unterstützen gleichzeitig die Lebendigkeit und den gemeinsamen Zusammenhalt der Fassaden der Rheingaugebäude und der Villen. So entsteht ein repräsentatives Gesamt-Ensemble, in dem individuelles Wohnen und gemeinschaftliches Zusammenleben miteinander verwoben sind.

Mit den Außenanlagen erhält die Wohnanlage ihren parkartigen Charakter. Rasenflächen wechseln sich mit Wege- und Pflanzflächen ab. Spielplätze, Bänke und Verweilplätze sind in die Gesamtanlage eingebettet.

Betreutes Wohnen Dambachtal

BAUHERR: EV. VEREIN FÜR INNERE MISSION IN NASSAU
STANDORT: DAMBACHTAL 22, 65193 WIESBADEN
BGF: 7.600 M²
FERTIGSTELLUNG: 2002

Das Gebäude besteht aus drei unterschiedlichen Baukörpern. Die Grundflächenform des westlichen Gebäudeteils basiert auf dem Kreis. Der östliche, zur Straße liegende Gebäudeteil, ist nahezu quadratisch. Hierbei zeigen sich abwechslungsreiche Raumerlebnisse.

Um eine optimale Raumanbindung zu gewährleisten, wurde zwischen den beiden Raumkörpern ein weiterer ergänzt, in dem sich das Treppenhaus befindet. Die gesamte Wohnanlage ist rollstuhlgerecht ausgeführt. Die daran angeschlossenen Zwei- und Dreizimmerwohnungen orientieren sich nach Norden und Süden. Eine großzügige Vierzimmerwohnung befindet sich im Dachgeschoss.

Durch die starke Hanglage des Grundstückes von West nach ost, ist die Gebäudegliederung auch in der Höhenentwicklung angepasst. Im Bereich des mittig liegenden Treppenhauses erfolgt ein Höhenversprung von einem ganzen Geschoß.

Im Außenbereich werden entsprechende, massive, bis an die Grundstücksgrenzen führende Stützwände notwendig, um die beiden unterschiedlichen Ebenen zu trennen. Über dem Garagengeschoß bauen sich drei Etagen und ein Staffelgeschoß mit Wohnungen auf.

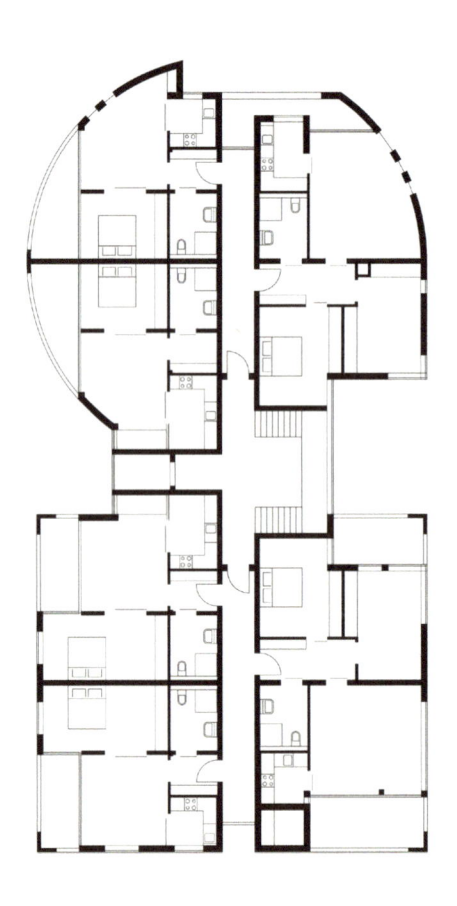

Grundrissanordnung mit unterschiedlichen Geometrien: Kreis und Quadrat

Siedlung Schönberg

BAUHERR: KRIEGER + SCHRAMM GMBH & CO. KG
STANDORT: HELMHOLTZSTRASSE 29-59,
65199 WIESBADEN
BGF: 6.000 M²
FERTIGSTELLUNG: 2018

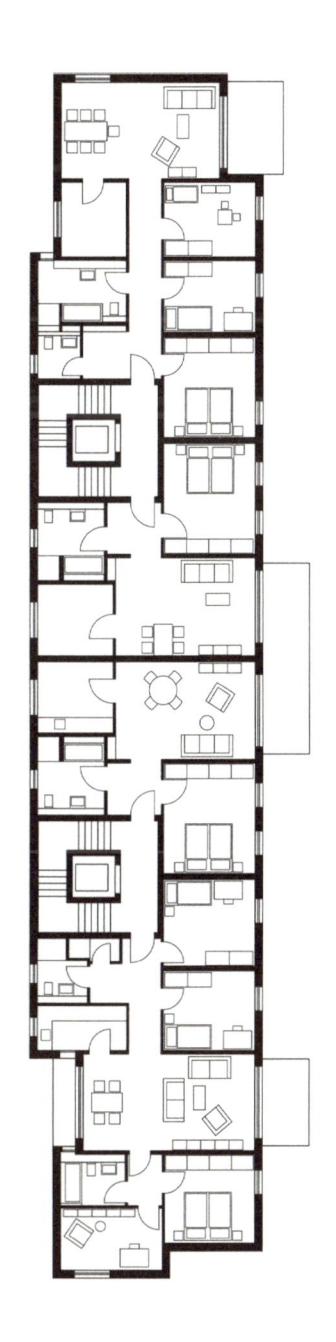

Die Siedlung Schönberg, wurde in den 1950er Jahren auf einem sanft abfallenden Bergrücken errichtet. Die städtebaulichen Qualitäten sind bis heute erhalten geblieben. Lange gestreckte Häuserzeilen folgen in fließend-ruhiger Anordnung der Bewegung des Geländes und bilden großzügig durchgrünte Zwischenräume für Licht, Luft und Sonne.

Im Bereich der Helmholtzstraße werden fünf neue Gebäudezeilen behutsam in diesen städtischen Landschaftsraum eingefügt. Insgesamt entstehen 64 Wohnungen, die sich alle nach Süden orientieren und neben Küche und Tageslichtbad je nach Typus mit zwei bis fünf Zimmern ausgestattet sind. Jedem Wohnzimmer ist ein Balkon, eine Loggia oder eine Dachterrasse zugeordnet.

Die Zwei-Zimmer-Wohnungen sind größtenteils barrierefrei erschließbar, altersgerecht konzipiert und bieten insbesondere breit bemessene Bewegungsflächen vor den Türen und in den Räumen. Die Wohnungen im Dachgeschoss haben großzügige Dachterrassen, einige davon auch mit freiem Panoramablick über Wiesbaden in Richtung Neroberg.

Grundriss
Regelgeschoss
2-Zi- und 4 Zi-
Wohnungen

Panoramastraße
Wohnen

BAUHERR: PRIVATER BAUHERR
STANDORT: PANORAMASTRASSE 64, 65199 WIESBADEN
BGF: 800 M²
FERTIGSTELLUNG: 2018

Haus mit Weitblick

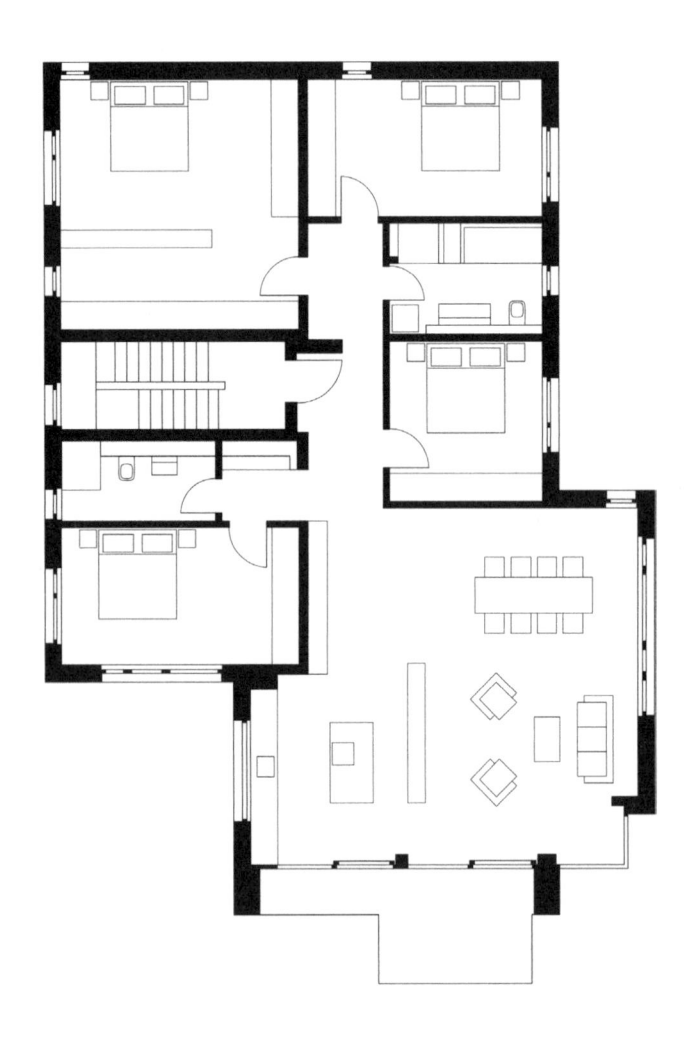

Grundriss
Dachgeschoss
Penthouse-Wohnung

INSIDE / PANORAMASTRASSE WOHNEN / NEUBAU

Auf dem Grundstück an der Panoramastraße entstand ein neues Mehrfamilienhaus mit einem Baukörper, welcher aus drei Geschossen besteht in dem sich jeweils eine Wohnung befindet.

Der Baukörper gliedert sich in zwei zueinander versetzte Gebäudeteile mit zwei Satteldächern, welche sich ineinander verschneiden. Die Ausrichtung der Satteldächer in Nord-Süd-Richtung bildet zur Straßenseite eine kleinteilige Gliederung, die sich passend in die Nachbarbebauung einfügt. Die Wohnungen sind großzügig geschnitten mit in einander fliesenden Grundrissen und großzügige Balkonen und Terrassen, die auf der Südseite weite Ausblicke erlauben. Der Blick in den Außenraum bestimmt die Wohnqualität. So bieten die großen Fensteröffnungen in den Ess-zimmern einen besonderen Ausblick in das Rheintal. Der Außenraum wird im Innenraum erlebbar.

Vor allem ist es der *»Genius Loci«* in einer Stadt wie Wiesbaden, die geprägt ist von einem Landschaftsbild aus Hügeln und Tälern, Blickbeziehungen und Weitblick, welcher für die Entwicklung dieses Gebäudes an dieser Stelle stark inspirierend war.

Stadtvilla
Bodenstedtstraße 4

BAUHERR: PRIVATER BAUHERR
STANDORT: BODENSTEDTSTRASSE 4, 65189 WIESBADEN
BGF: 700 M²
FERTIGSTELLUNG: 1998

Der Neubau in der Bodenstedtstraße entstand als Ergänzung zu einer klassizistischen Stadtvilla auf gleichem Grundstück, jedoch als eigenständiger Baukörper. Im Rahmen der Sanierung und Erweiterung der Villa stellte sich die Aufgabe, einen Wohnhaustypus zu entwickeln, der mit dem Altbau ein Ensemble bildet, ohne den Ausdruck des Bestandsgebäudes zu wiederholen. Es wurde eine Formsprache gefunden, die in einen Dialog mit der Villa eingeht und gleichzeitig eine klare Eigenständigkeit aufweist.

Das Gebäude wird über einen Vorplatz erschlossen, der sich zwischen den korrespondierenden Eingangsfassaden von neu und alt bildet. Hier wird das eindrucksvolle Wechselspiel der unterschiedlichen Architekturformen erlebbar. Der Neubau gliedert sich in einen klaren kubischen Baukörper, der das eigentliche Haus enthält und in massive Elemente, die rahmenartig vor die Fassade gestellt sind und in abstrakter Form Sprache und Gliederung des klassizistischen Gegenübers aufnehmen. Der innere Baukörper stuft sich in der Höhe ab und ermöglicht, dass sich der obere Teil einer Maisonette-Wohnung, zum Kurpark über eine Dachterrasse öffnet. Mögliche Einblicke vom Nachbargebäude werden durch eine Holzeinfassung um das Gebäude eingeschränkt. Von der Hofseite schiebt sich eine beinahe vollständig verglaste Schicht unter die Holzschalen.

Im Bereich zwischen dieser Glasschicht und den Rahmenelementen befinden sich Balkone und Terrassen. Insgesamt befinden sich vier Wohnungen in dem Gebäude. Jede verfügt entweder über Balkon oder Terrasse.

Die denkmalgeschützte alte Villa wurde grundlegend saniert und in Teilen sensibel ergänzt.

Dialog mit einer Villa

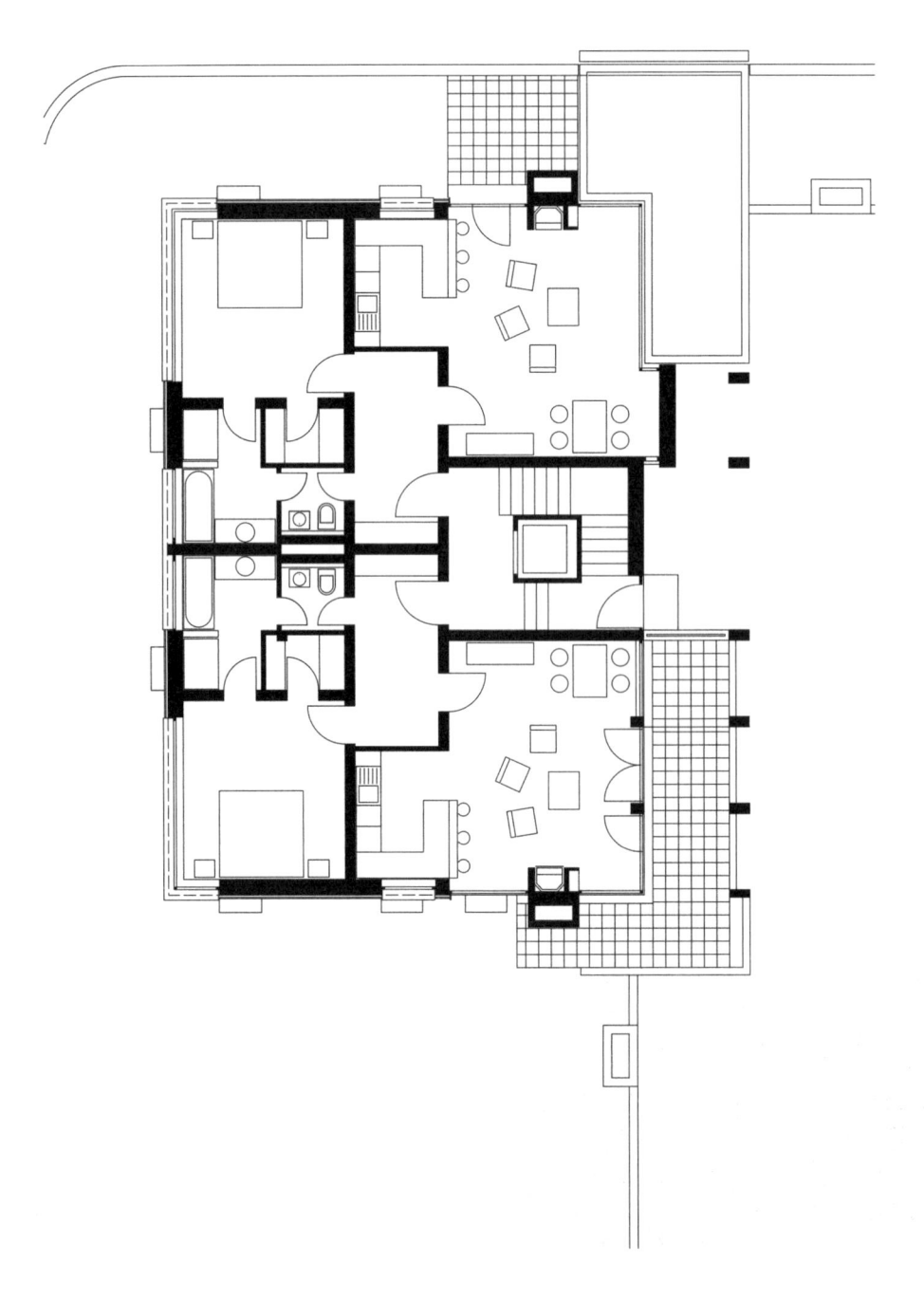

Grundriss
Wohnungen mit klarer Zonierung zwischen privataten und öffentlichen Räumen

INSIDE / ANMERKUNGEN ZUR GESCHICHTE DES LANDHAUSES BODENSTEDTSTRASSE 4 / BERTHOLD BUBNER

Die Entstehungsgeschichte der seit der Mitte des 19. Jhs. kontinuierlich sich ausdehnenden Landhausquartiere spiegelt die außergewöhnliche Faszination, durch die Wiesbaden damals zum bevorzugten Wohnort des Adels, von Beamten, Kaufleuten und Künstlern avancierte. Besonders begehrt war das berühmte, die Kuranlagen nach Süden begrenzende *Grüne Viertel,* das im kunstvollen Arrangement anmutiger Gebäude, Lauben, Wege und üppiger exotischer Bäume und Gewächse den Ruf der Wiesbadener Villenviertel begründete und bis heute Vorstellung und Phantasie jeglicher Form eines abgehobenen Daseins bestimmt. Südlich der Parkstraße hatte Zimmermeister Christian Philipp Müller 1856 Weideland erworben und dort mehrere, längst verschwundene Landhäuser errichten lassen. 1866 war er bei der Stadt vorstellig geworden, um auch das Terrain jenseits des Feldweges, der späteren Bodenstedtstraße, der Bebauung zu erschließen. 1869 erwarb Architekt Julius Ippel von Zimmermeister Müller größere Partien des fast bis zur späteren Heßstraße reichenden Geländes und verkaufte Teile davon an den Architekten Carl Ludwig v. Rössler, der Absolvent der Polytechnischen Schule in München und der berühmten Berliner Bauakademie gewesen war. Auch der aus Berlin stammende, seit 1870 in Wiesbaden ansässige und universell gebildete Staatsrat. a. D. August Theodor v. Grimm hatte die Absicht, sich in Wiesbaden niederzulassen, erwarb deshalb 1871 von Architekt v. Rössler ein Grundstück an dem besagten Feldweg oberhalb der Parkstraße und beantragte am 23. März 1872 den Bau eines Landhauses, dessen Entwurf er dem Architekten v. Rössler anvertraute, der das vollendete Gebäude im Herbst 1873 übergab. Im darauf folgenden Jahr kaufte auch der ebenfalls aus Berlin stammende Premierleutnant a. D. Otto Freytag von Architekt v. Rössler ein Grundstück an der Einmündung des Feldweges in die Parkstraße (Bodenstedtstraße 2), für dessen Entwurf und Ausführung er sich auch an Architekt v. Rössler wandte. War das Anwesen des Otto Freytag mit seinem talwärts orientierten Mittelrisalit und der achsialen Disposition des Grundrisses im traditionellen Modus des Wiesbadener Spätklassizismus gehalten, zeigte das oberhalb gelegene Anwesen v. Grimm eine sehr individuelle und im Wiesbadener Villenbau bis dahin ungewohnt großzügige Baugestalt, die zweifellos der Berliner Sphäre entstammte, welche den Architekten während seines Studiums in Berlin beeinflusst hatte. Das auf Allseitigkeit angelegte, durch seine unprätentiöse Eleganz ausgezeichnete und 1874 vollendete Gebäude besaß bei Abmessungen von 55½/58 Fuß und zwei Etagen einen talseitigen Anbau mit polygonaler Exedra im Souterrain und darüberliegender Terrasse sowie eine talwärts sich entwickelnde, durch Grottenwerk gartenkünstlerisch gestaltete Kaskade. Mit der Ausrichtung seiner oblongen Baugestalt, der schönen Symmetrie und Proportion der Fenster, der Risalite und rückseitigen Veranden, dem ausladenden Kranzgesims wie überhaupt der repräsentativen und gleichwohl noblen Gelassenheit der äußeren Erscheinung und des Interieurs, der großzügigen Disposition der dreiläufigen Treppe und der wandfesten Ausstattung überwand das Gebäude die traditionelle Typologie der Villa des Spätklassizismus und behauptet bis heute eine singuläre Stellung innerhalb des Genres. Bis 1886 war das Landhaus Eigentum der Witwe v. Grimm, gelangte danach als Villa »*Sanssouci*« in den Besitz des Medizinalrates Dr. Carl Clouth, der 1898 den Bau eines Festsaales auf der Terrasse mit seitlichem Anbau in Auftrag gab, vereinzelt die spätklassizistischen Wand- und Deckendekorationen im Stil des Rokoko überformen und im Garten eine Remise erbauen ließ. 1900 ging das Anwesen an den Kgl. Kammerherrn und Gesandten a. D. Werner v. Bergen, wurde 1944 enteignet und beherbergte bis 1971 die Fachbibliothek des Reichsamtes für Bodenforschung. Nach der extremen Gefährdung durch den drohenden Abbruch seitens der Mannheimer Versicherung als dem damaligen Besitzer und dem Vandalismus der Mieter gelangte das inzwischen als Kulturdenkmal klassifizierte Gebäude an einen dem historischen Ambiente zugetanen Eigentümer, in dessen Auftrag der Bau von den Architekten Zaeske und Partner 1997/98 in denkmalfachlich vorbildlicher Weise wiederhergestellt wurde.

In diesem Rahmen wurde das Gebäude statisch gesichert, der verlorene Dekor von Wänden und Decken des Interieurs aufwendig wiederhergestellt und das Holzwerk der Türen, Fenster, Böden und Lambris im Geist der Bauzeit rekonstruiert. Im talseitigen Festsaal wurde die Pilastergliederung erneuert, während die Terrasse einen gläsernen Aufbau als moderne Zutat erhielt, dessen Rhythmus die Gliederung der Außenwand wiederholt. Das italienische Dach, Merkmal der Bauten der klassischen Richtung, erhielt durch das am Sparren- fuß über dem Kranzgesims großzügig umlaufende Lichtband eine besondere räumliche Qualität, ergänzt durch eine Firstverglasung mit Entlüftung, die erforderliche Belichtung sicherstellt. Der rückwärtige Garten wurde durch einen Neubau feingliedrig ergänzt, der die architektonisch bemerkenswerte Gliederung des historischen Gebäudes geistvoll reflektiert, während die zwischen den beiden Bauten angeordnete Tiefgarage der darüberliegenden Fläche die Gestalt eines internen Gartens gibt.

ZAESKE

106 Historie
108 Philosophie
110 Team
112 Geschäftsführung
114 Ausbildung

Mit jeder neuen Aufgabe ist eine intensive Auseinandersetzung mit dem Projekt verbunden. Die Art, wie sich ein Gebäude oder ein Gebäudeensemble präsentiert — im Zusammenspiel zwischen Gesamtbild und Details, Qualität und Wirtschaftlichkeit, Rationalität und Emotion — spiegelt auch die enge, gemeinschaftliche Zusammenarbeit mit den Menschen wieder, für die gebaut wird, sowie denen, die mitplanen, bauen und ausführen.

Manchmal benötigen wir ein optisches Geräusch

Historie – wie wir wurden, was wir sind
Im jugendlichen Alter von erst 20 Jahren kommt Wolfgang Zaeske vom schattigen Harz an den sonnigen Rhein, direkt nach Wiesbaden, um zu studieren und die hiesige (Bau-)Welt zu erobern. Seine baldige Mitarbeit beim damals sehr bekannten Wiesbadener Architekturbüro Neuser, beschert ihm nicht nur die Verantwortung für das Großprojekt Horten-Kaufhaus in der Kirchgasse (heute Kaufhof Galeria) mit der aufregendsten Garagenzufahrt der Stadt, sondern auch die Bekanntschaft von Hans Maul, einem waschechten Wiesbadener Jungkollegen.

1969 verkauft Wolfgang Zaeske kurzerhand seinen geliebten englischen Sportwagen und wagt mutig, zunächst allein, den Start in die Selbstständigkeit, mit der Zusage von Hans Maul, der zwischenzeitlich schon eine kleine Familie sein Eigen nennt, dazuzustoßen sobald der erste richtige Auftrag unter Dach und Fach sei. Der kommt dann auch bald in Form einer Wohnanlage mit 12 Einheiten und nun sind Zaeske und Maul Architekten komplett. Es folgen gut 40 erfolgreiche Jahre, in denen das Büro durch herausragende Projekte für namhafte Auftraggeber, vornehmlich in Wiesbaden und Umgebung, wie z. B. der Anbau und die Sanierung des Hotels Nassauer Hof, das Ferrari Zentrum oder der Neubau der Versorgungswerke der Stadt Wiesbaden ESWE zu einem der renommiertesten in der Stadt Wiesbaden wird.

Die Nachfolgeregelung steht dann ab der Jahrtausendwende im Raum und als langjährige Mitarbeiter qualifiziert und menschlich nahegerückt werden Jeremy Würtz und Sven Burghardt zunächst als Juniorpartner aufgenommen und treten dann 2011 endgültig die Nachfolge an. Jeremy Würtz, Ergebnis eines australisch-deutschen Projektes wird in Sydney geboren, macht dort erst mal seine Musik, dann sein Studium und kommt, der Liebe wegen, zunächst nach Hamburg, um dort erste Erfahrungen mit der hiesigen Architekturwelt zu machen. Auch nach Wiesbaden zieht es ihn dann zunächst aufgrund der Liebe zu einer Frau, dann aber auch zu der Architektur von Zaeske und Maul.

Sven Burghardt hingegen, fest verwurzelt. Er wird hier geboren, ist hier aufgewachsen und hat auch hier, in Frankfurt und Wiesbaden, studiert. Er arbeitet zunächst in mehreren Architekturbüros in Frankfurt und Rhein/Main, bei der Architektenkammer Hessen und am hiesigen Theater als Bühnenbildner, bevor er seinen Hafen bei Zaeske und Maul findet. Ganz unterschiedliche Erfahrungen führen dennoch zu einem Ziel: Gute Architektur!

Und jetzt, 2019, fast 10 Jahre später, wird mit Luigi Pennella, einem (rechtsrheinischen) Mainzer aus Überzeugung, mit italienischen Wurzeln, welcher schon seit vielen Jahren das Team an maßgeblicher Stelle steuert, 50 Jahre nach Bürogründung die dritte Generation die Büropartnerschaft bereichern.

The home ist the place where we manifest our relationship with ourselves, each other, our culture — and the environment

Wir Architekten philosophieren gerne und meinen hier »philo-sophie« im wörtlichen Sinne als die Liebe zum Denken. Liebe bedeutet mehr als bloßes Interesse und der Liebe, in diesem Fall zu Raum und Architektur, ist nichts entgegenzusetzen. Man wird von ihr vereinnahmt, angesprochen, hineingezogen.

Der Philosoph Heidegger definiert in seinem Buch *»Was heißt Denken«* den Begriff *Interesse* im Gegensatz zur *Liebe* und warnt uns davor bloß ein Interesse für die Philosophie zu haben. Wenn man Phänomene, Sachverhalte oder Konstellationen in Bezug auf die Architektur sprechfähig machen will, dann muss es schon tiefer gehen und man muss sich aus der Nabelschau lösen. *»Das Bedenklichste [ist] das, was uns zu denken gibt«* und *»Gedanken ohne Inhalt sind leer, Anschauungen ohne Begriffe sind blind. Daher ist es ebenso notwendig, seine Begriffe sinnlich zu machen, als seine Anschauungen verständlich zu machen«,* wie Immanuel Kant sich äußert uns so halten wir es mit Louis Kahn: *»Architecture is the thoughtful making of space«* – das gedankenvolle Erschaffen von Lebensräumen.

Aus diesen Einsichten erwächst unsere *Haltung* und »Smart Working« ist ihr Fundament – authentisch und methodisch. Wir möchten, dass unsere Bauwerke durch ihren räumlichen Kontext bestimmt sind, sich mit diesem auseinandersetzen und ihre dauerhafte Bedeutung daraus schöpfen. Unsere Architektur soll im umfassenden Sinn nachhaltig sein, funktional, sozial, kulturell und ästhetisch. Unser gesamtes Team arbeitet daran. Wir verstehen uns nicht bloß als eine planende Arbeitsgruppe, sondern als ein Team von Architekten. Teams und Arbeitsgruppen unterscheiden sich in ihren Werten, in der gelebten Arbeitskultur und im Selbstverständnis als Arbeitseinheit. Teammitglieder arbeiten aktiv an einem Klima des gegenseitigen Vertrauens und sind ermutigt, Ideen und Meinungen offen auszusprechen. Wenn Mitarbeiter in ihrer Entwicklung gefördert und zu echten Teamplayern werden, schöpft dies die Leistungspotenziale voll und ganz aus und man kann nur staunen welche Potenziale hier vorhanden sind: Kreativität, Sensibilität, Eleganz, technisches Verständnis, Durchhaltevermögen, Humor und Kraft. Es ist ein wunderbares Panorama von Persönlichkeiten.

Wertvolle Menschen, alte und junge, multikulturell und mit unterschiedlichen Erfahrungen bereichern unser Team und uns alle eint die Liebe für gute Architektur. Wie sagte Sullivan schon 1924: *»So wie Du bist, so sind auch Deine Gebäude«.*

Daniel Ott / Gabriele Kuhne / Sarah Bolius / Norbert Weber / Diana Hubert / Andreas Schlephorst / Katrin Fischer / Uta Wüstkamp / Luise Stützel / Katharina Weber-Ott / Alexander Willmes / Florian Trüstedt / Peter Lippert / Mourad L' Madaghri / Hagen Hoffmann / Dennis Zander / Iris Günther / Carola Kaplan / Beate Arthen / Konrad Melzer / Manuel Mischel / Ulrike Müller / Yvonne Bosnyak / Alla Merlina / Christine Eisele / Anne Karn / Hartmut Ritter / Kar-Hong Lau / Petros Paikos / Frank Niedergesäss / Patrick Biwer / Wencke Stefes / Silke Grimm / Uwe Bordt / Gagan Ishwar Singh Keith / Bernadette Mauz / Anja Kühne / Burkhard Herbach / Lisa Reitz / Janine Parvis / Marius Wanke / Andreas Suck / Martin Remo / Sven Teichmann / André Pannenbäcker / Hemno Elijo / Klaus Zirkler / Regina Marschall / Ursula Tormählen / Alexander Harff / Susanne Wimmer / Tanja Büscher / Lars Niehaus / Oliver Wischnack / Eva-Maria Degenhardt / Kathrin Mais / Brigitte Mayer / Elke Sturm / Astrid Weyland / Astrid Hermann / Stefanie Becker / Czerbren Almoradie / Sybille Stocklossa / Sascha Brand / Vincent Samuel Stamm / Heike Bachus / Katja Czunczeleit / Andreas Kugelstadt / Danijela Wöll / Brigitte Bald / Katharina Körber / Heiko Preusser / Heinz-Dietmar Beeck / Sindy Nellessen / Renate Ritz / Tom Kremer / Luigi Pennella / Norman Kärcher / Liselotte Hendrix / Johannes Rittner / Christoph Schmidt / Christoph Schäfer / Mehmet Kursun / Christian Sävecke / Patric Jenner / Thorsten Braun / Martin Steinbinder / Miriam Steiner / Eva Hoffmann / Gunther Götz / Oliver Schadeck / Jeremy Francis

ZAESKE / TEAM AB 1996

Würtz / Markus Böhm / Janina Kreis / Rita Meixner / Maren Backwinkel / Semeli Frousiou / Britta Karbaum / Anette Scherf / Anke Reichert / Cornelia Dittrich / Johannes Staub / Florian Grieshaber / Johannes Grede / Stephan Erkel / Bernhard Karius / Sven Fischer / Ralf Büttner / Nadine Nickel / Kirsten Maus / Fatma Özer / Dirk Scheuerling / Gabriele Tobian / Kristine Boesler-Utzman / Rona Khpalwak / Sven Schneider / Mareike Borkeloh / Lucie Krug / Patrizia Gallo / Omidi Parisa / Martin Vorderwülbecke / Miriam Steiner / Christoph Bickert / Barbara Klopp / Ludmilla Koschlar / Annegret Keller / Arzu Güler / Birgül Deniz / Claudette Geppert / Elsa Roberta Lastilla / Joachim Altmann / Rouven Heine / Jacqueline Prociuk-Walther / Sven Blau / Daniela Willnat / Jan-Marcus Manier / Markus Welschof / Desirée Rogge-Pacan / Daniela Willnat / Eva Seyfried / Claudia Friedrichs / Rolf Kiupel / Martin Tarazi / Beate Schwarz / Leonor Ramos Caballo / Klaus Würfel / Petros Petalidis / Beatrix Marth / Patrizia Koch / Gerrit Bestgen / Marcello Chiaramonte / Matthias Federle / Susanne Krätschmer / Markus Ott / Helga Runkel / Iris Müller / Irene Grebenovsky / Andreas Daleiden / Mandy Zietzling / Simone Kißling / Alexander Zentgraf / Meike Duensing / Sabine Rapp / Sven Burghardt / André Schinköthe / Sabrina Hampel / Franziska Guckes / Dilek Kangalli / Bastian Nürnberger / Thorsten Schmidt / Stefan Engel / Malte Schreiber / Sabine Meyer / Tobias Bremmer / Fabian Ehrlich / Christine Suttler / Miriam Rahn / Johannes Busch / Anna Klemm / Livia Lahdo / Marie Kristin Löw / Jon J. Mendoza Ruiz

JEREMY FRANCIS WÜRTZ
1969 Geboren in Sydney / **1990** Studium Architektur University of Sydney / **1990** Mitarbeit Dorbney & Rice Architects, Sydney / **1991** Hirsch Rees & Associates, Sydney / **1994** Planungsgruppe Professor Laage, Hamburg / **1997** Zaeske und Maul Architekten BDA **2001** Mitglied der Architektenkammer Hessen / **2006** Partnerschaft mit Wolfgang Zaeske und Sven Burghard / **2007** Mitglied BDA Hessen / **2011** Partnerschaft mit Sven Burghardt **2012** Vorstand BDA Wiesbaden

LUIGI PENNELLA
1983 Geboren in Mainz / **2004** University of Applied Science, Mainz / **2006** Università La Sapienza Facoltà di Architettura, Rom / **2006** Mitarbeit Studio Ottone Pignatti, Rom / **2009** Morschett, Homburg / **2012** Raum & Architektur Worms / **2012** Zaeske und Partner Architekten BDA / **2014** Mitglied der Architektenkammer Hessen / **2019** Partnerschaft mit Jeremy Würtz und Sven Burghardt

SVEN BURGHARDT
1965 Geboren in Mainz / **1985** Goethe Universität Frankfurt / **1987** University of Applied Science Wiesbaden / **1990** Hochschule am Bauhaus, Dessau / **1990** Mitarbeit Architektenkammer Hessen / **1991** Hess. Staatstheater Wiesbaden / **1991** Braun und Schlockermann, Frankfurt / **1992** Planergruppe Flörsheim Main / **1993** Zaeske und Maul Architekten BDA **1996** Mitglied der Architektenkammer Hessen / **2006** Partnerschaft mit Wolfgang Zaeske und Jeremy Würtz / **2007** Mitglied BDA Hessen / **2008** Lehrauftrag University of Applied Science Frankfurt / **2011** Partnerschaft mit Jeremy Würtz / **2017** Vorstandsmitglied WAZ

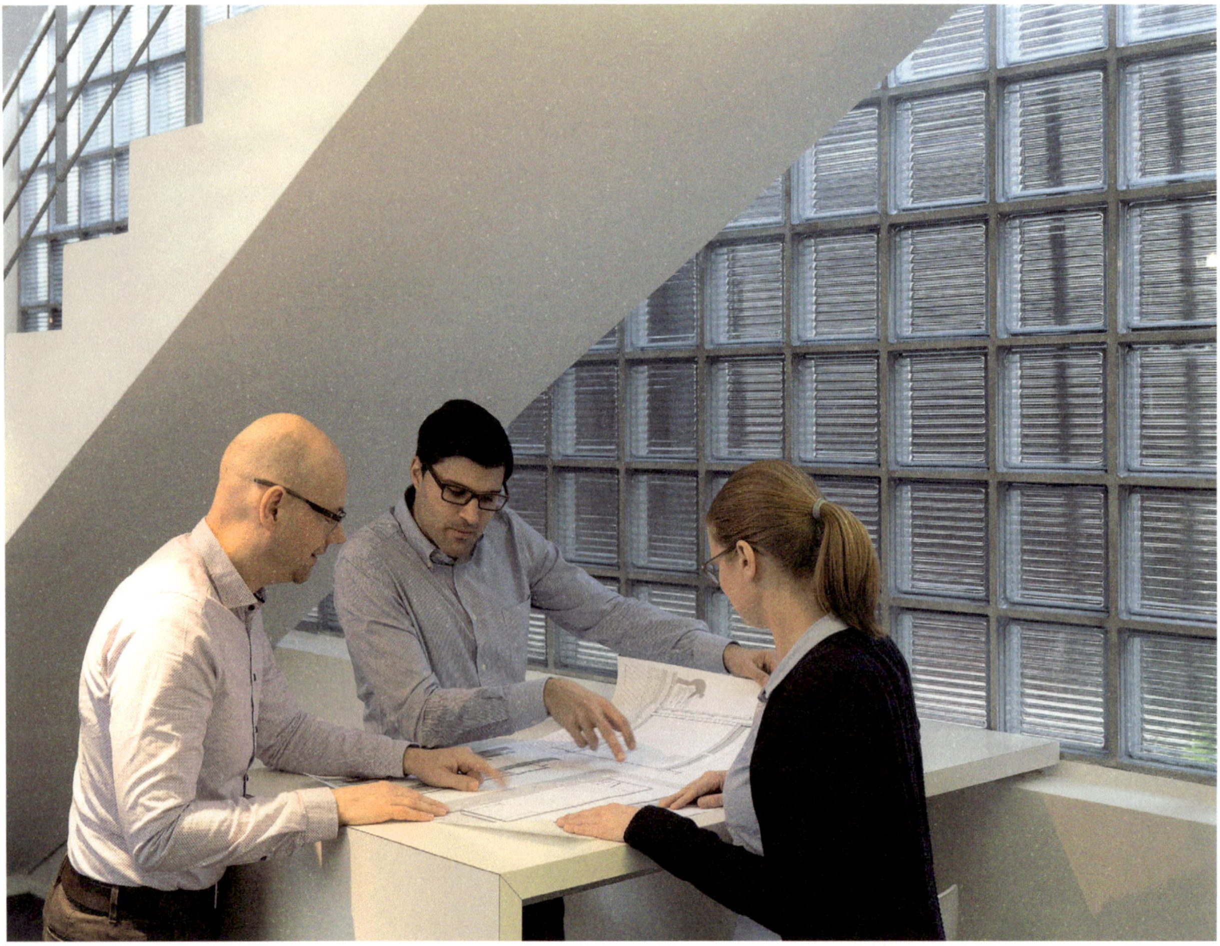

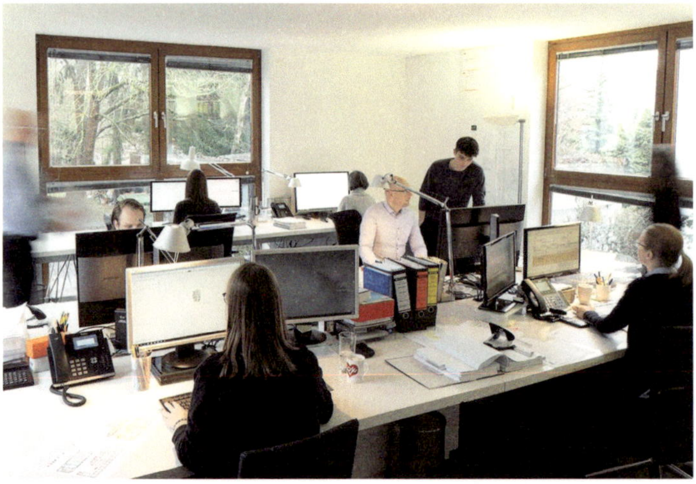

Wenn man glaubt, man hat in der Schulzeit und an der Uni bereits alles gelernt, dann täuscht man sich. In unserem Beruf benötigt man ständig frisches Know-how, weil sich Prozesse, Materialienanwendungen oder rechtliche Bestimmungen immer weiter verändern und die Digitalisierung die Arbeitswelt ohnehin von Grund auf revolutioniert. Höchste Qualifikation ist ein Muss und lebenslanges Lernen daher keine leere Floskel, sondern in unserer Bauwelt überlebenswichtig. Dank Weiterbildung bleibt man für die Wissensgesellschaft fit. Daher ermutigen wir unser Team, sich sein Fachwissen, unseren größten Schatz, stets auf aktuellen Stand zu erhalten und wir investieren kräftig in dieses Zukunftsmodell. Es bietet sich immer die Chance, sich zu spezialisieren oder bestehende Kompetenzfelder auszubauen und Weiterbildung kann auch ganz neue Blickwinkel eröffnen.

Wir pflegen bei uns verschiedene Formen der Weiterbildung. Einerseits laufen *Mentoren-Programme«,* bei denen ein erfahrener Mitarbeiter einen Junior unter seine Fittiche nimmt oder es werden externe Dozenten gebucht, um in unserem Büro Fortbildungsmaßnahmen durchzuführen. Ein Vorteil solcher internen Schulungen ist die Tatsache, dass das ganze Team gleichzeitig geschult werden kann und somit Alle auf demselben Stand sind. Andererseits nutzen wir natürlich auch alle Möglichkeiten nicht In-House zu schulen, sondern externe Workshops oder Seminare zu besuchen. Dieses Vorgehen hat den Vorteil, dass einzelne Mitarbeiter sehr gezielt im Hinblick auf die benötigten Kompetenzen geschult werden können. Hierbei ist Eigeninitiative gefragt, denn jeder ist aufgerufen zu überlegen, welche Fortbildung interessiert und sinnvoll für das eigene Fachwissen ist.

Davon hat nicht nur jeder Einzelne im Team etwas, sondern mit einer umfassenden Weiterbildung möchte sich unser Büro die Fachkräfte von morgen sichern. Viele Studien gehen davon aus, dass spannende Fortbildungsmöglichkeiten die Mitarbeiterbindung um bis zu 70 Prozent erhöhen. Also, auch wenn man vielleicht gerade keine Lust darauf hat, wieder die Schulbank zu drücken – für die berufliche Zukunft jedes Einzelnen und des Büros ist die kontinuierliche Weiterbildung unabdingbar.

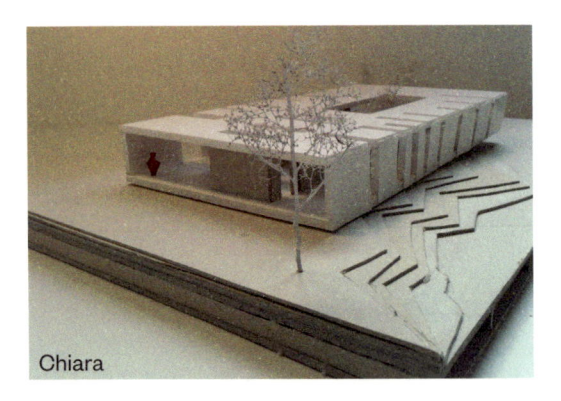

Chiara

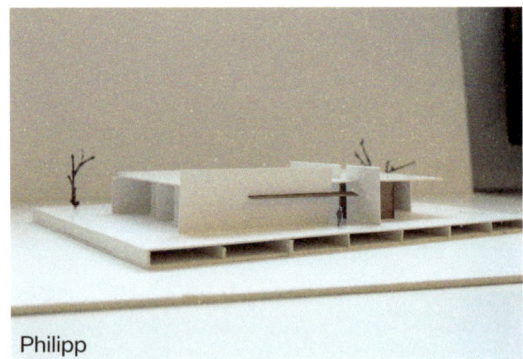

Philipp

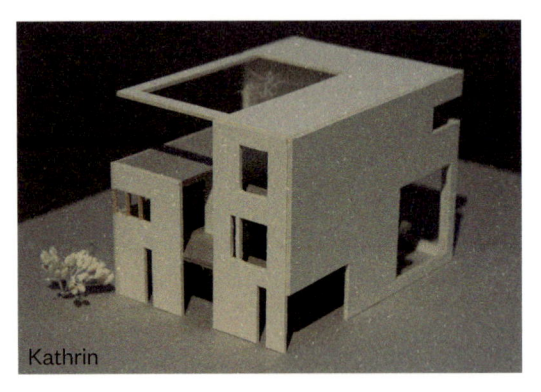

Kathrin

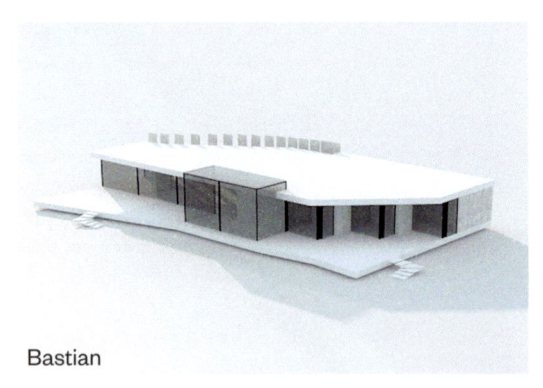

Bastian

Nikolay

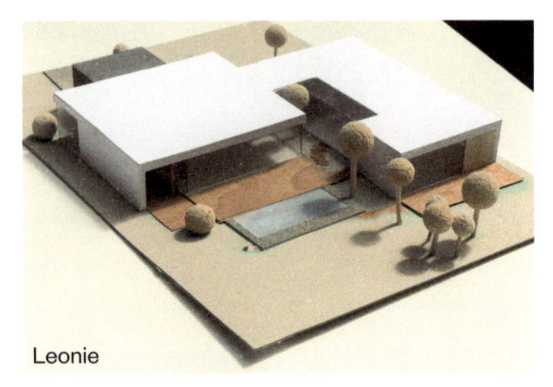

Leonie

Fabian

Luana

Entwerfen – Gestalten – Konstruieren: das ist die Profession von Architekten. Kein Wunder, dass so viele junge Menschen an diesem spannenden Prozess teilhaben wollen. Immer mehr aufregende und einzigartige Bauprojekte begeistern nicht nur Architekturfans und wer selbst einmal an diesem Schaffensprozess mitwirken möchte, muss viel Engagement investieren. Der beste Weg, um bereits während des Studiums Praxiserfahrung zu sammeln, ist der durch verschiedene Praktika.

Der Alltag an einer Universität ist oft sehr theoretisch. Mit einem Praktikum sorgt man für die nötige Abwechslung. Nebenbei sammelt man wichtige Erfahrungen und im besten Fall kann man auch noch sein theoretisches Wissen aus der Uni im Berufsalltag anwenden.

Referenzen über bisher geleistete Praxiserfahrungen können auch bei einer Bewerbung ausschlaggebend sein, denn dem zukünftigen Arbeitgeber zeigen Praktika, dass der Student ein hohes Maß an Motivation und Eigeninitiative besitzt. Das Kennenlernen des Berufsalltags stellt eine wichtige Zusatzqualifikation dar. Dazu gehören technisches Geschick, der Umgang mit Kollegen sowie das Arbeiten im Team, aber auch der Kontakt mit Bauherrn, Ingenieurkollegen und Handwerkern, welcher nicht in der Uni gelernt werden kann. Diese Soft Skills können den späteren Berufseinstieg erleichtern. Last but not least kann sich die Arbeit in einem Büro auch auf das Studium positiv auswirken. Der Erwerb von neuem Wissen lässt sich häufig in Seminarinhalte integrieren, und sorgt somit für mehr Motivation im Studium.

Der Sprung vom Seminarraum, in dem die Studierenden mit teils nicht realisierbaren Entwürfen ihrer Fantasie freien Raum lassen dürfen, in die Büros bietet aber auch reichlich Potenzial für Ernüchterungen, denn im Studium soll man konzeptuell denken und sich von Zwängen freimachen. In der Praxis spielen diese Zwänge, wie Bauherrenwünsche, Baurechtsfragen und Kostendruck aber eine entscheidende Rolle. Diese Zwangspunkte kann man in einem Praktikum unmittelbar erleben und so eine etwaige Bauchlandung nach dem Studium vermeiden.

Unserem Büro ist es seit jeher eine Herzensangelegenheit, jungen Menschen unseren Berufsalltag nahezubringen. Vom *Girlsday* über Schülerpraktika und vom Vorpraktikum bis zum mehrmonatigen Studienpraktikum bieten wir neben erfahrenen Betreuern auch erprobte Lernprogramme, von denen unsere Praktikanten etwas mit nach Hause nehmen können. Ganz uneigennützig ist unser Engagement nicht, denn aus manchem motivierten Praktikanten ist ein wertvoller Mitarbeiter geworden. Eine echte Win-win-Situation.

Wir möchten, dass unsere Bauwerke durch ihren räumlichen Kontext bestimmt sind, sich mit diesem auseinandersetzen und ihre dauerhafte Bedeutung daraus schöpfen

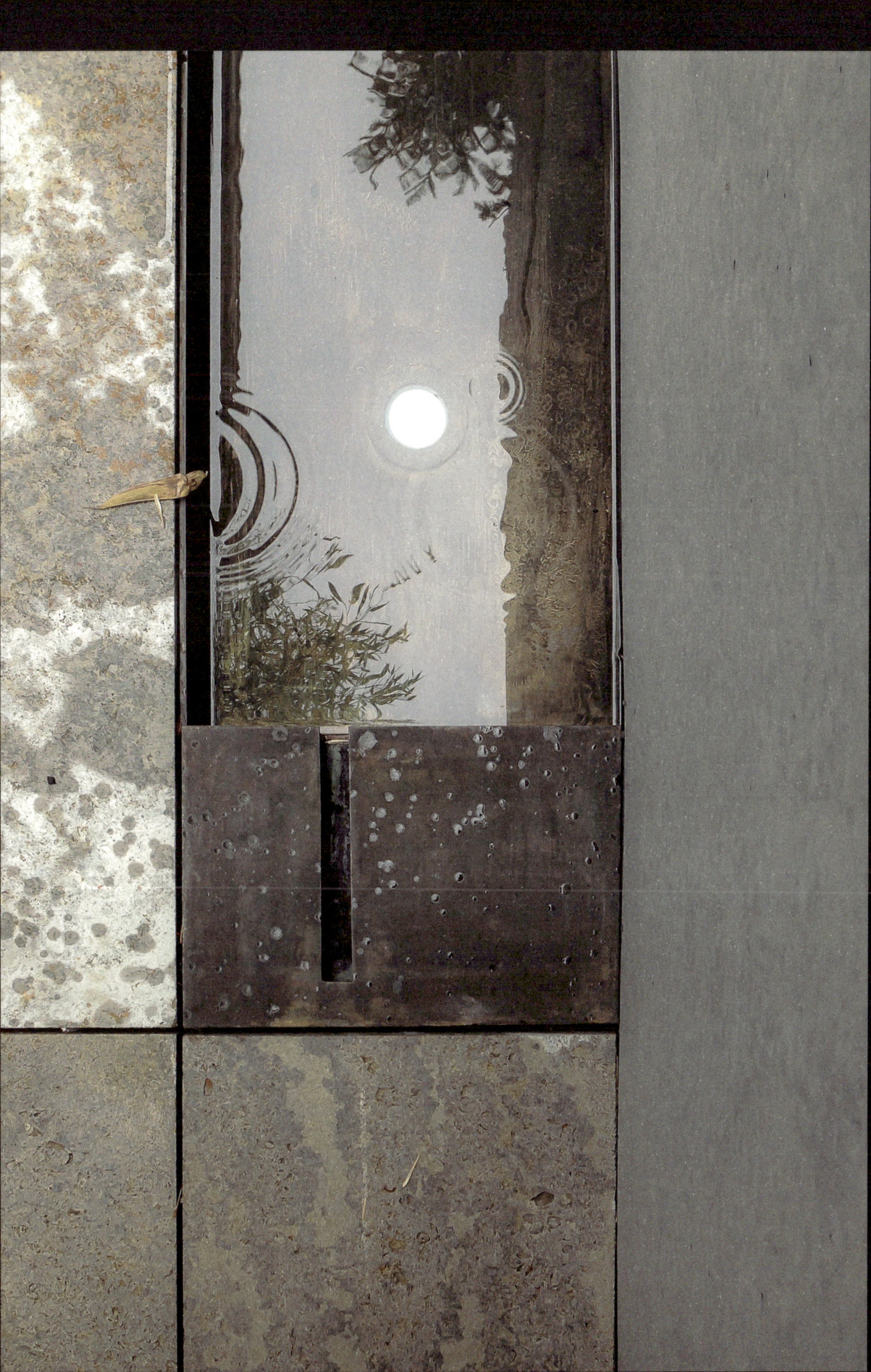

OUTSIDE

122	DAL Deutsche Anlagen-Leasing, Headquarter
134	Goldenes Haus, Frankfurt am Main
138	EWR AG, Headquarter, Worms
150	Sparkasse Bensheim
154	Kreissparkasse Groß-Gerau
160	AutoExpo Deutsche AutoMarkt GmbH
164	Landeszahnärztekammer, Frankfurt am Main
168	Altenheim und Betreutes Wohnen Lauterbach
172	Seniorenzentrum Haus Wagnerstraße
178	Hephate-psychiatrische Tagesklinik
186	Hephata Werkstatt an der Feuerwache
194	Reformationskirche, Bad Schwalbach
200	Rheinstraße 23-25, Frankfurt am Main
204	Teekontor Keitum, Sylt

Die Worte *inside* und *outside* suggerieren, dass es Stadt und Land weiterhin als Antipoden geben wird. Dabei scheint die Erde immer mehr ein einziger Kopf zu sein. So schrieb ein deutscher Dichter 1989: »Wir fühlen unseren Kopf Globus werden und gehen auf einer Erde, die sich anschickt, ein einziger Kopf zu werden. Die verschaltete Welt ist das komplette artificium, die künstliche Kunst nur ihr oberster Verdichtungsgrad«. Architektur spielt dabei eine entscheidende Rolle. Sie strukturiert Leben, Alltag und gestaltet die Welt mitunter als ein ungeheuer weitläufiges Gebäude. Dabei zeigen wir, dass nicht die Frage der Urbanisierung die zentralste Frage ist, sondern die nach Stabilität, Nützlichkeit und Anmut. Das ist konservativ und avantgardistisch im gleichen Moment.

DAL Deutsche Anlagen-Leasing Headquarter

BAUHERR: DUKATA GRUNDSTÜCKSVERWALTUNGSGESELLSCHAFT MBH
STANDORT: EMY-ROEDER-STRASSE, 55131 MAINZ
BGF: 15.400 M²
FERTIGSTELLUNG: 2016

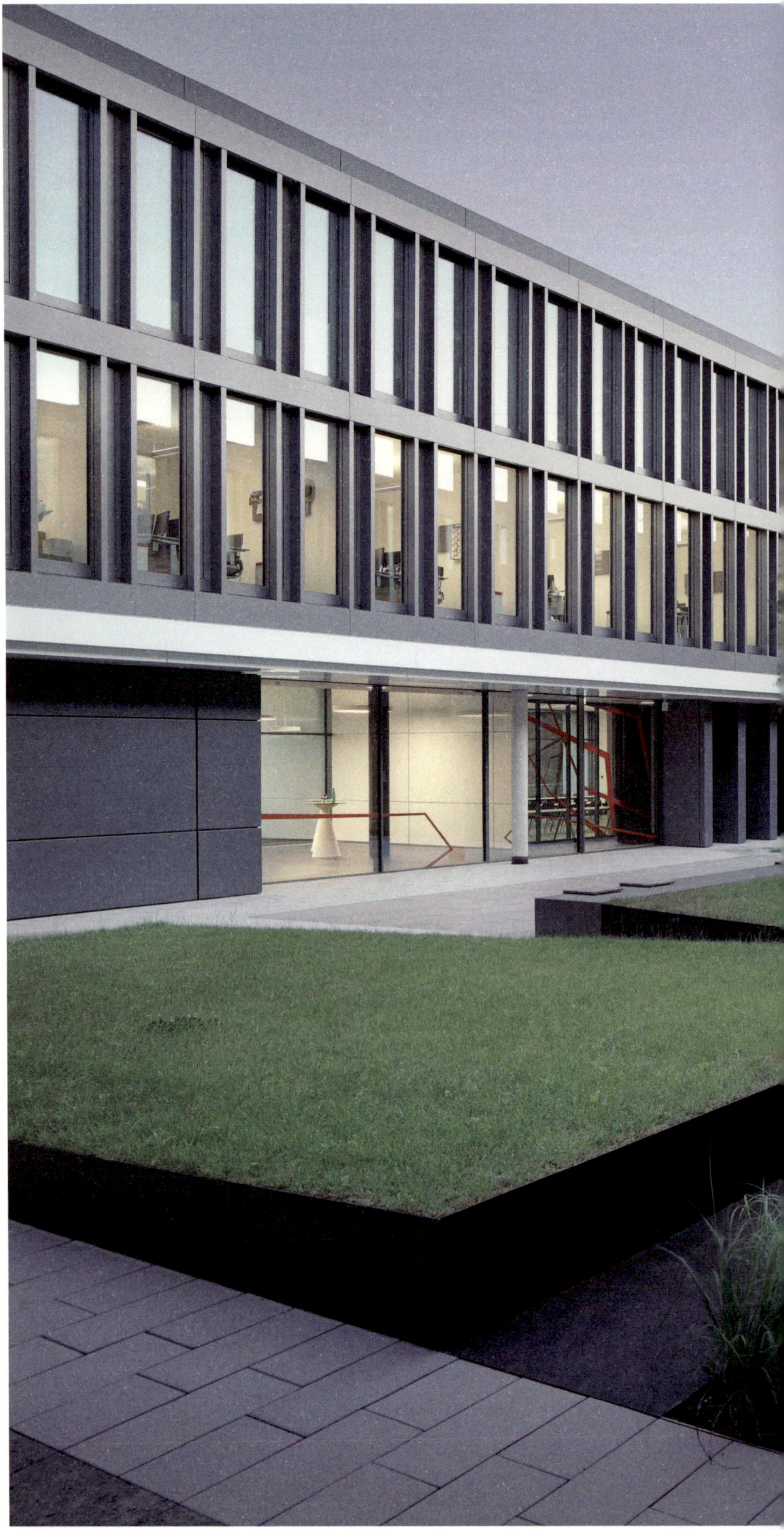

OUTSIDE / DAL DEUTSCHE ANLAGEN-LEASING AG / NEUBAU

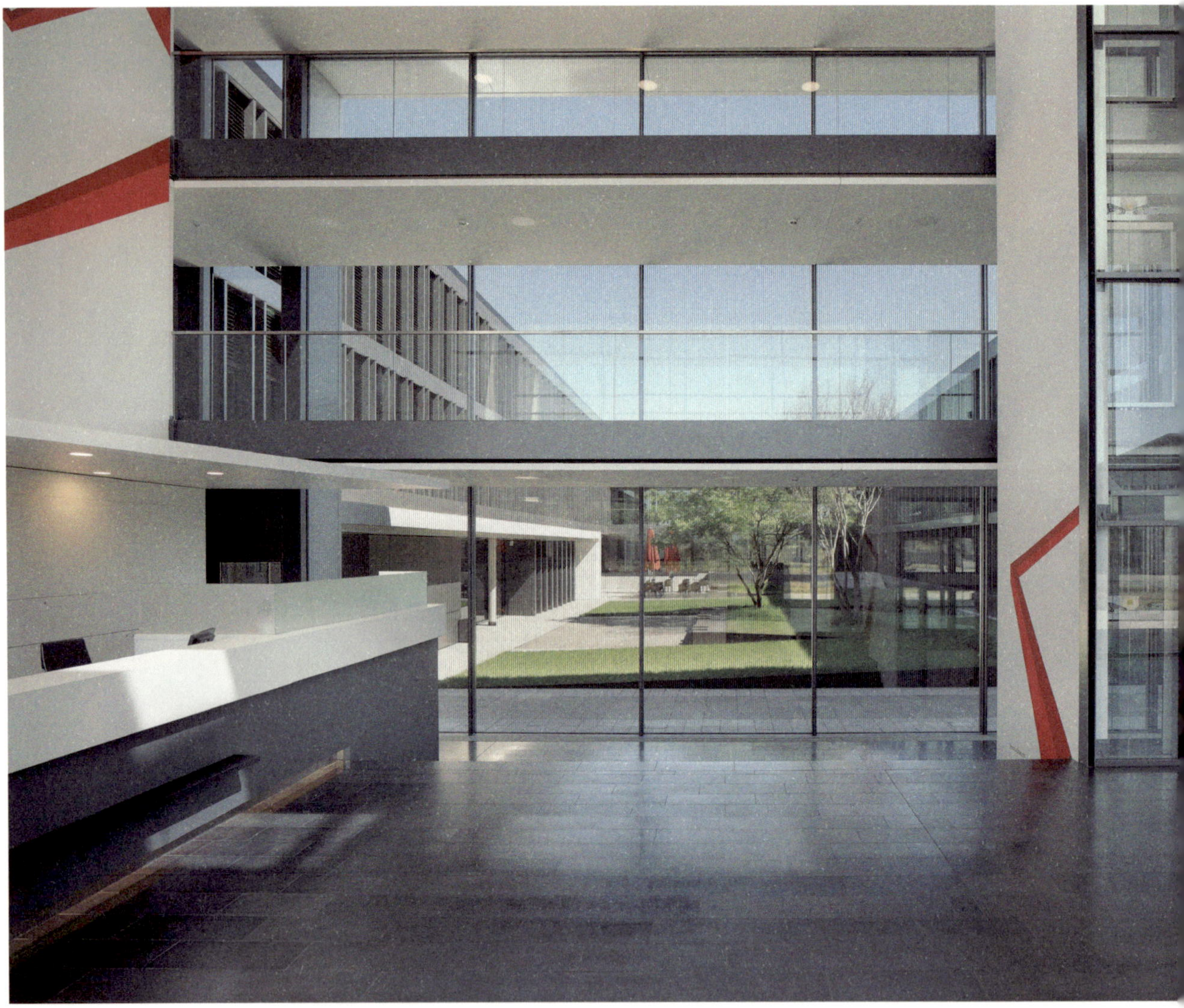

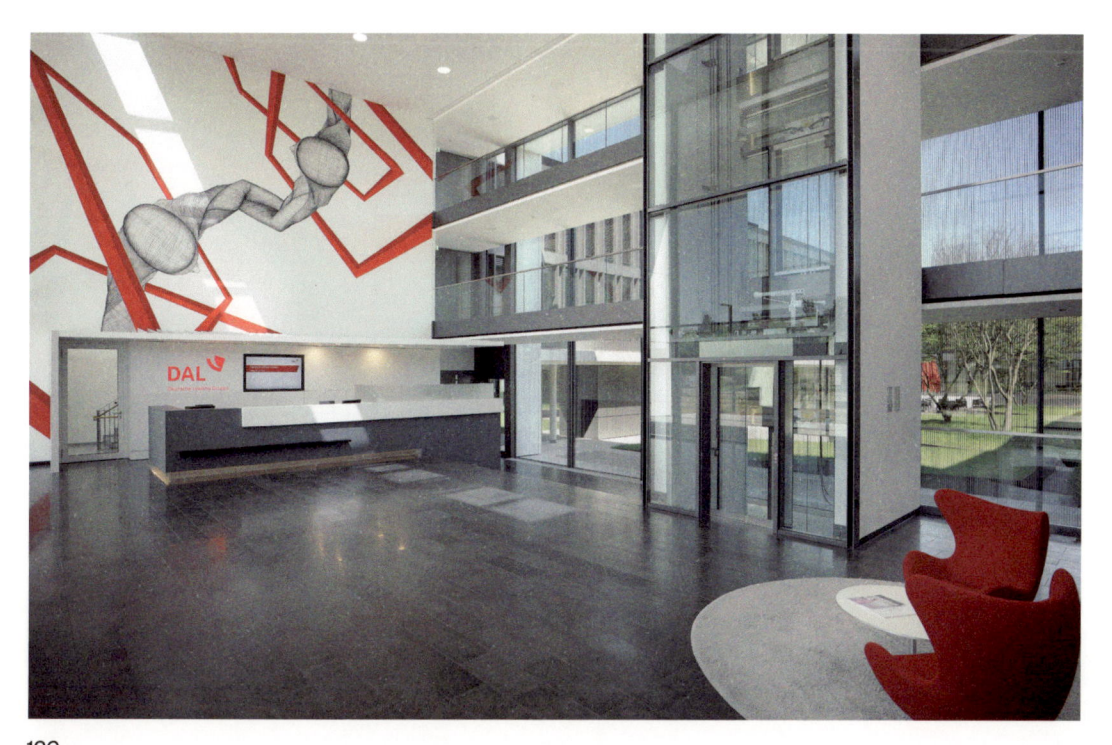

OUTSIDE / DAL DEUTSCHE ANLAGEN-LEASING AG / NEUBAU

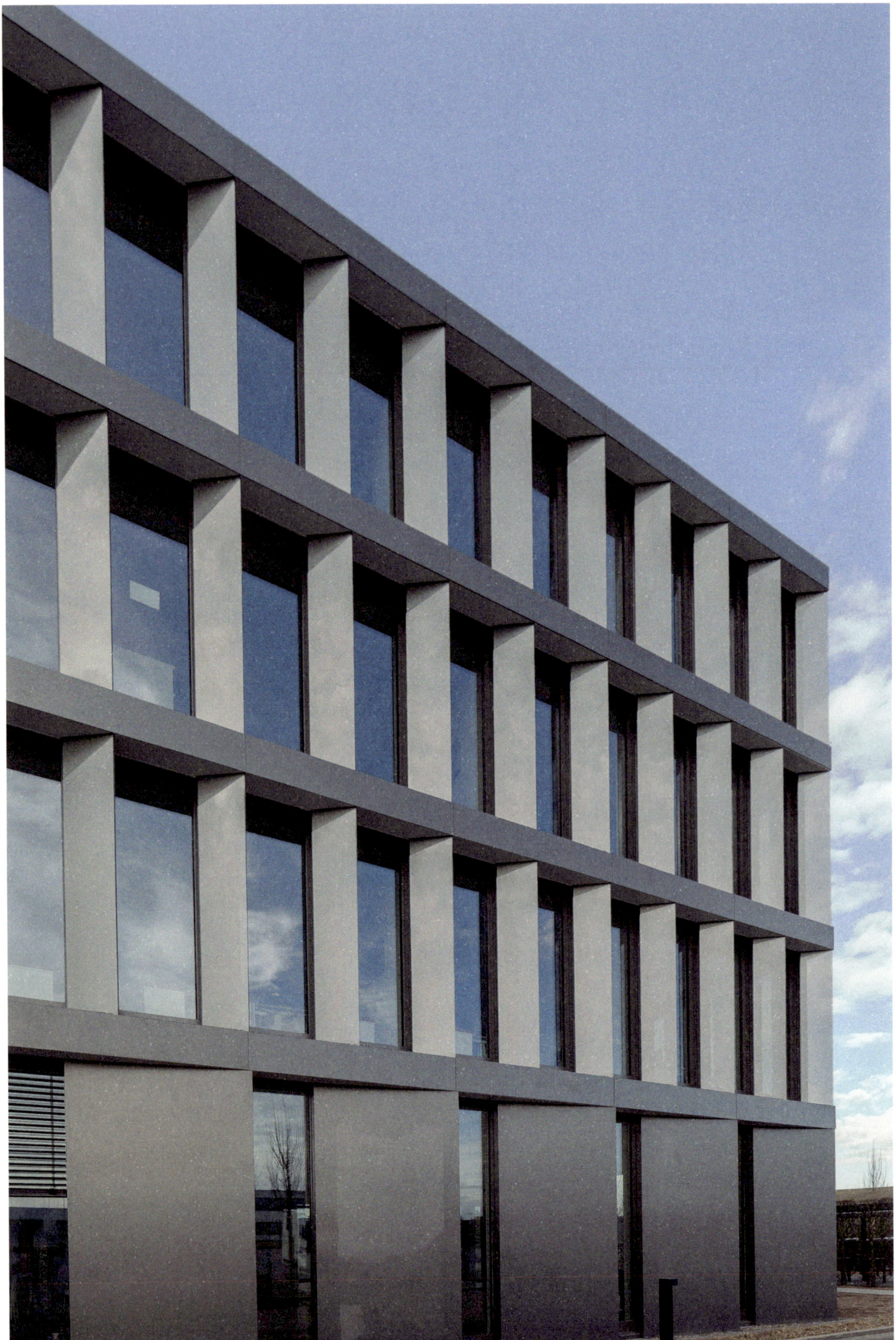

OUTSIDE / DAL DEUTSCHE ANLAGEN-LEASING AG / NEUBAU

Aufgrund der positiven Geschäftsentwicklung und der damit verbundenen personellen Verstärkung hat sich die *DAL Deutsche Anlagen-Leasing*, einer der führenden deutschen Finanzdienstleister im Immobiliensektor sowie bei Großmobilien parallel an zwei Standorten weiterentwickelt (Mainz und Wiesbaden). Da keiner der beiden bisherigen Standorte über ein ausreichendes Potenzial für eine Gesamtansiedlung (ca. 300 Mitarbeiter) des Unternehmens verfügt, hat die Geschäftsleitung der DAL beschlossen, im Mainzer Stadtteil Hechtsheim einen gemeinsamen neuen Standort der Firmenzentrale aufzubauen.

Es handelt sich bei dem Gebäude um ein viergeschossiges Gebäude. Drei Etagen sind als oberirdische Geschosse geplant. Das Gebäude ist im südlichen Bereich teilunterkellert und bildet im Norden aufgrund des Geländeverlaufs ein Gartengeschoss aus. Über den Eingangsbereich im Erdgeschoss erreicht man das Foyer, dessen Luftraum drei Geschosse umfasst und der sich zum innenliegenden Atrium öffnet. Die begrünte Landschaft des Atriums soll den Mitarbeitern als Verweilzone dienen. Durch das abgesenkte Bodenniveau des Atriums wird eine angemessene größere Raumhöhe für die Räumlichkeiten mit Sonderfunktionen im Westen gewonnen (Besprechungs- und Schulungsräume, Konferenzbereich und Cafeteria). Ein bis zweimal im Jahr werden der große Konferenzraum sowie die Cafeteria gemeinsam genutzt. Diese Veranstaltung erreicht eine max. Teilnehmerzahl < 200 Personen und ist somit keine Versammlungsstätte. Der östliche Gebäudeteil des Erdgeschosses sowie die beiden weiteren Obergeschosse werden als reine Bürobereiche mit Kombizonen genutzt. Im Gartengeschoss des geplanten Neubaus befinden sich im südlichen Bereich die Technikräume. Aufgrund des natürlichen Geländeverlaufs wird das geplante Gartengeschoss im nördlichen Bereich sichtbar. Daher befinden sich hier die offene Großgarage mit 78 Stellplätzen, das Zentralarchiv, Lagerräume, Fitnessbereich für die Mitarbeiter sowie die Hausmeisterwohnung und weitere Büroflächen.

Das neue DAL-Gebäude präsentiert sich in einer klaren Formensprache und einer übersichtlich strukturierten Anordnung seiner Baukörper. Diese sind im Süden zur Emy-Roeder-Straße leicht zueinander versetzt und schaffen somit einen großzügigen Vorplatz, der von einem auskragenden Flugdach eingefasst wird. So entsteht eine einladende und repräsentative Eingangssituation für Geschäftskunden mit einer charakteristischen Außenwirkung. Über das gläserne Foyer gelangt der Besucher oder Mitarbeiter in das Herzstück des Gebäudes, den offenen Innenbereich, der als parkähnliche Landschaft gestaltet ist und dem Haus seine Identität gibt. Dieser Innenhof dient als eine Art Oase mit hoher Aufenthaltsqualität für die Mitarbeiter. Hier öffnen sich die Blickbeziehungen in Richtung Taunus und zur Landesentwicklungsfläche. Auch die Verbindungsbrücken zwischen den beiden Baukörpern öffnen sich zum Atrium. Ihnen sind Teeküchen und Balkone zugeordnet, sodass sie von der Nutzung her unterschiedliche Funktionen übernehmen können: als Ort um zur Ruhe zu kommen oder als informelle Treffpunkte für Kommunikation.

OUTSIDE / DAL DEUTSCHE ANLAGEN-LEASING AG / NEUBAU

Die Bürobereiche sollen in der Regel als Kombi-Büros ausgebildet werden. Die Innenwände zu den Fluren sollen mit raumhohen Verglasungen ausgestattet werden, sodass Blickbeziehungen zwischen den einzelnen Büros ermöglicht werden. Je nach Arbeitsszenario können die Mitarbeiter überall in dem Gebäude arbeiten und das entsprechende Umfeld wählen. Vielfältige Möglichkeiten für interne Kommunikation sowie ein angenehmes Arbeitsumfeld wirken anregend und motivierend und spiegeln den *Arbeitsplatz der Zukunft* wieder. Es handelt sich um eine ruhig gestaltet Außenfassade, mit einer klassisch vertikalen Gliederung. Im Bereich der Verbindungsbrücken sowie der Sonderfunktionen im Erdgeschoss ist eine Fassade mit großflächigen Glasscheiben vorgesehen. Die besonderen Räumlichkeiten sind im westlichen Gebäudeteil als eine eingeschobene Box bereits von außen erkennbar.

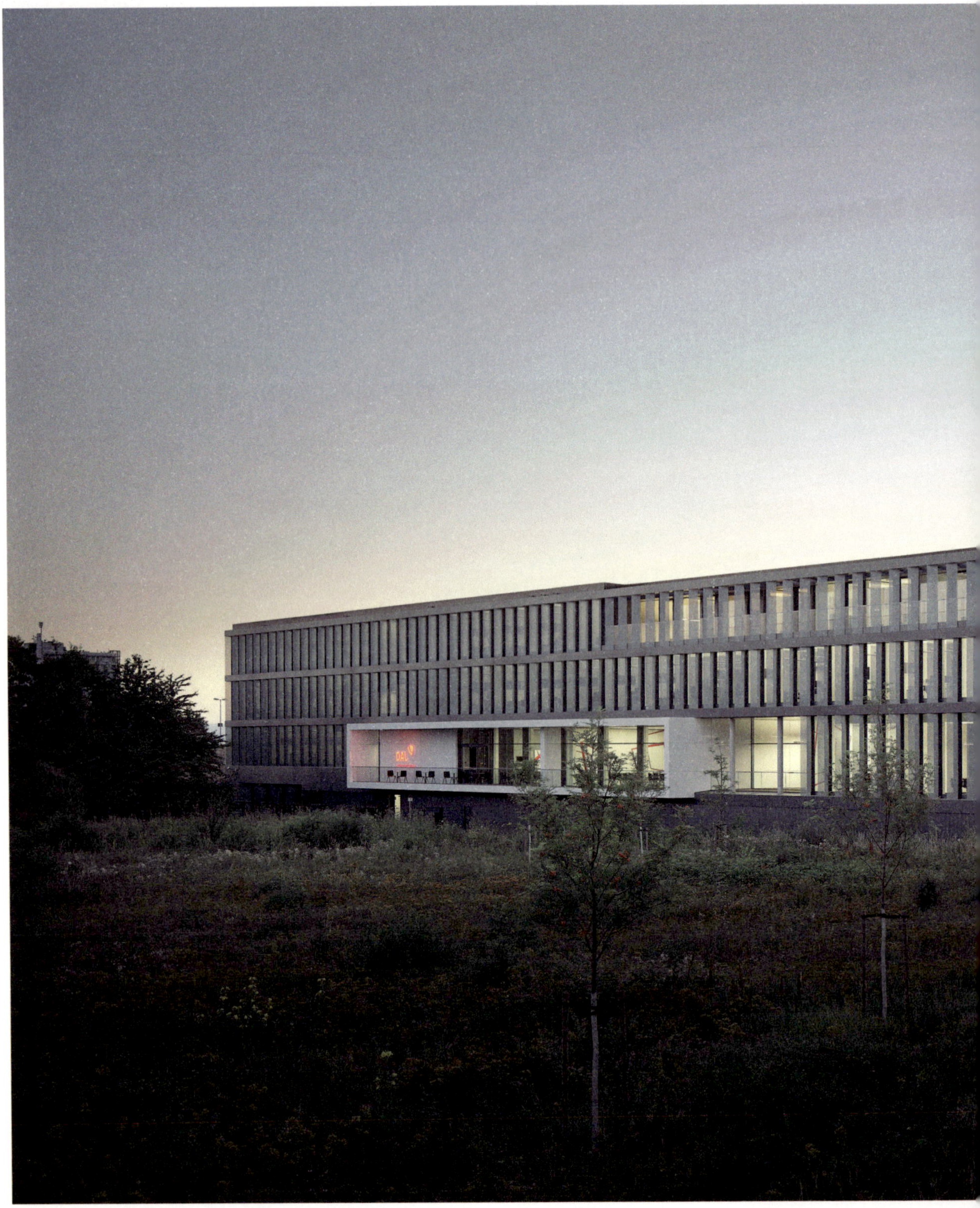

OUTSIDE / DAL DEUTSCHE ANLAGEN-LEASING AG / NEUBAU

Goldenes Haus
Frankfurt am Main

BAUHERR: CGI
STANDORT: THEODOR-HEUSS-ALLEE 80, 60486 FRANKFURT
BGF: 36.800 M²
FERTIGSTELLUNG: 2001

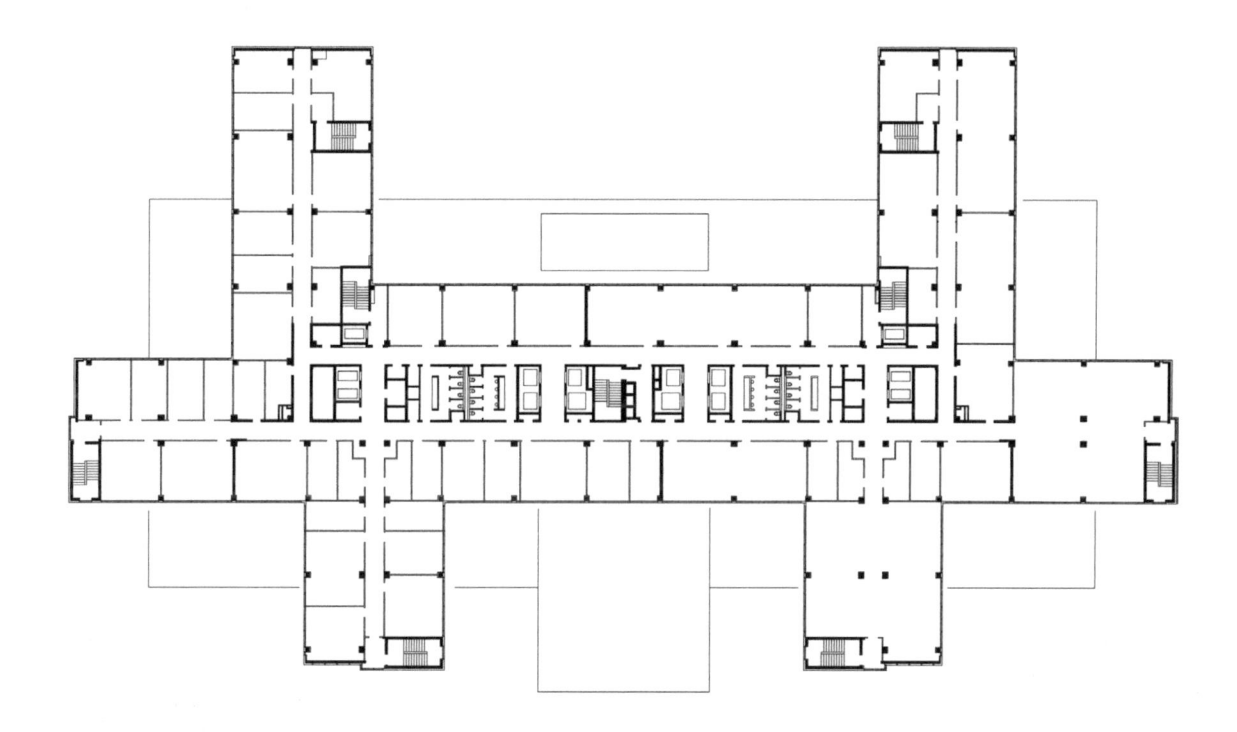

Grundriss
Gesamtgebäude,
Regelgeschoss,
Büros mit innenliegenden Nebenräumen

Die Gesamtfläche von über 32.000 m² verteilt sich auf zehn Geschosse. Der Grundriss des Regelgeschosses besteht aus dem dreihüftigen Mittelbereich und den sechs Fingerbereichen. Im Untergeschoss sind die Tiefgarage mit 353 Stellplätzen, Technik- und Lagerflächen untergebracht. Das Bürohochhaus wurde grundlegend saniert und revitalisiert. Im gleichen Zuge fand die Umgestaltung der Außenanlagen und die Neuordnung der Verkehrsführung auf dem Gelände statt. Die Regelgeschosse wurden zu flexiblen Büroflächen umgebaut, die Verglasungen ausgetauscht. Im Erdgeschoss erfolgte die Neukonzeption der Eingangshalle, des Konferenzbereiches und der Kantine mit der Großküche. Hier wurde die vormals sehr verschlossen wirkende Fassade vollständig ersetzt und mit raumhohen Glaselementen ausgestattet, sodass ein heller, lichtdurchfluteter Foyerbereich entstand. Als einladende Geste betont ein weit auskragendes Vordach den Eingangsbereich.

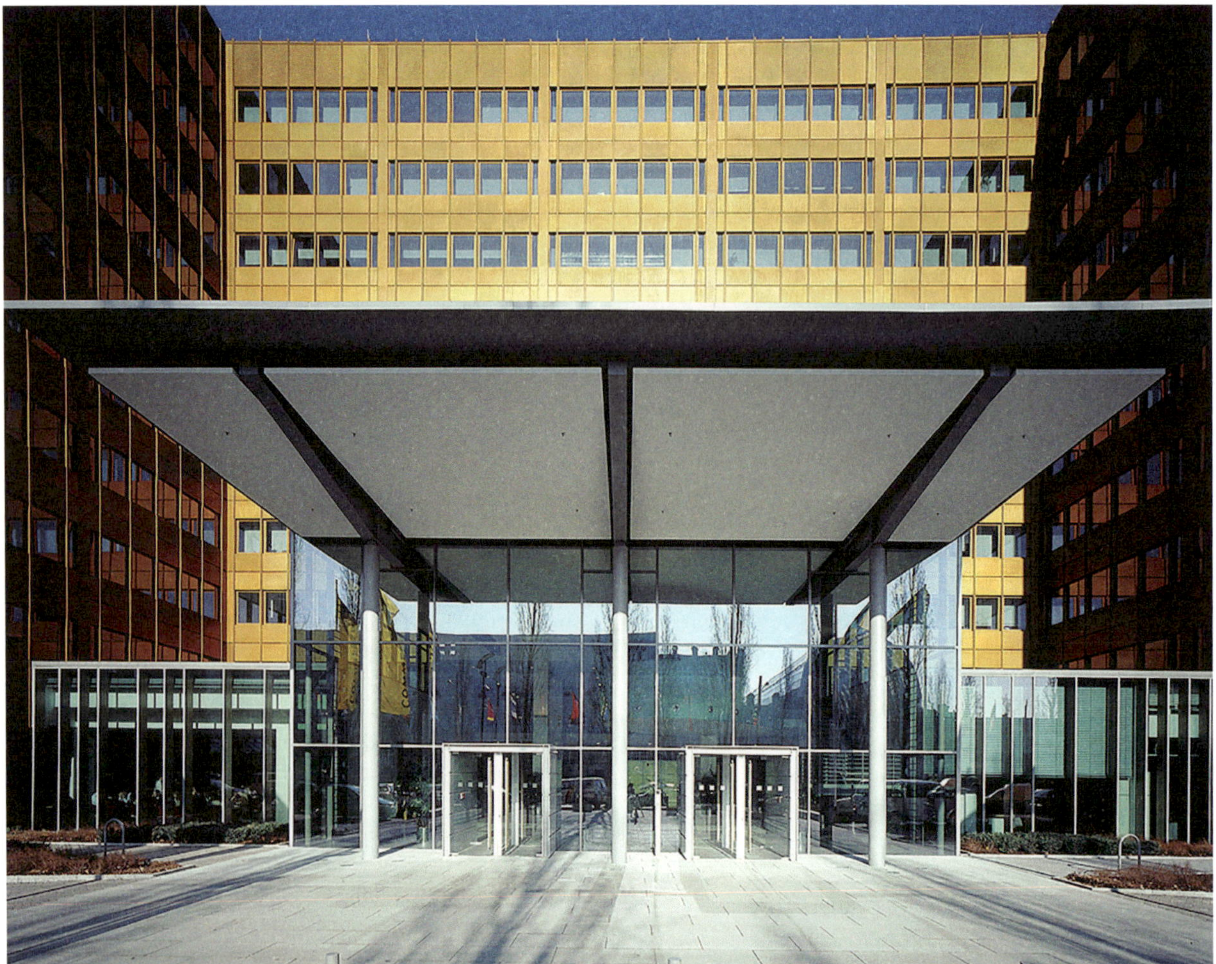

OUTSIDE / GOLDENES HAUS / SANIERUNG

EWR AG
Worms

BAUHERR: EWR AKTIENGESELLSCHAFT
STANDORT: LUTHERRING 5, 67547 WORMS
BGF: 5.900 M²
FERTIGSTELLUNG: 2016

Grundriss Erdgeschoss mit Eingangsbereich und angegliederter Kundenberatungsstellen

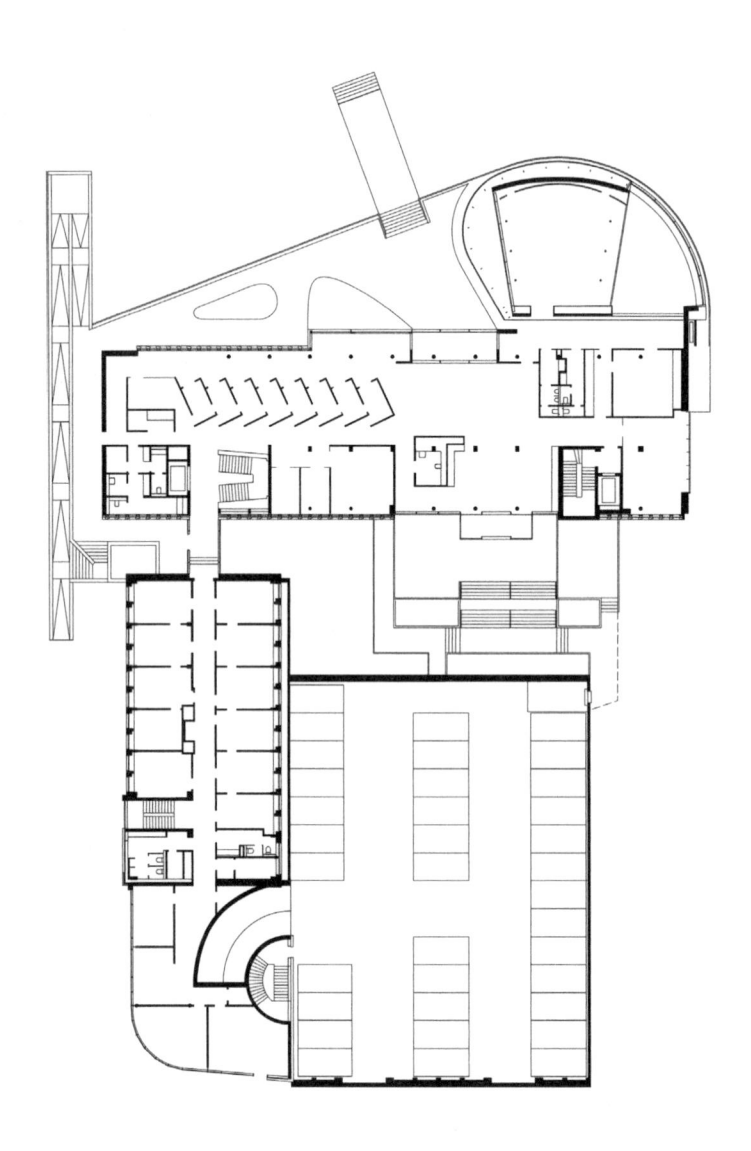

OUTSIDE / EWR AG / SANIERUNG / UMBAU

Das Grundstück der EWR befindet sich im Herzen der Innenstadt von Worms. Es war ein ehemaliges Klostergelände und weist eine Grundstücksfläche von rund 5600 m² auf. Ziel der energetischen Ertüchtigung und Revitalisierung des Bestandsgebäudes von 1960 am Lutherring in Worms war es, die Aufenthalts- und Arbeitsplatzqualität zu verbessern, die Fläche dem aktuellen Arbeitsplatzbedarf anzupassen sowie den Energieverbrauch zu reduzieren.

Neben der technischen Ertüchtigung der Fassade auf einen modernen energetischen Standard, stand die Neugestaltung und -gliederung des bestehenden Gebäudekörpers als wesentliche Aufgabe. Die Bestandsfassade wurde durch eine hoch wärmegedämmte Fassade ersetzt. Die Fassade ist als elementierte, vorgehängte Konstruktion konzipiert. Die Fassadenelemente bestehen aus Fenstern mit Brüstungs- und Sturzpaneelen sowie integriertem Sonnenschutz.

Der gesamte Eingangsbereich wurde einladend vergrößert. Im übrigen Erdgeschoss wurden neue Bereiche für Ausstellungen und kleinere Veranstaltungen mit einem größeren Hörsaal sowie ein neu strukturiertes Kundencenter geschaffen. Der markante runde Pavillon wurde umgestaltet und erweitert. In einem Teilbereich des Untergeschosses befinden sich weitere Ausstellungsflächen bzw. der Schulungsraum mit angegliederter Cafeteria. Die Obergeschosse werden als reine Bürofläche der EWR genutzt.

Durch die neue Außenanlagengestaltung sowie den Haupteingangsbereich inkl. Rampe werden die Besucher direkt in den Empfangsbereich und das Kundencenter geleitet. Die Erschließung für Kunden und Mitarbeiter über das bestehende Parkdeck wurde durch eine neue aufgeständerte Plattform aufgewertet. Auch hier werden die Anforderungen an die Barrierefreiheit durch einen außenliegenden Aufzug erfüllt.

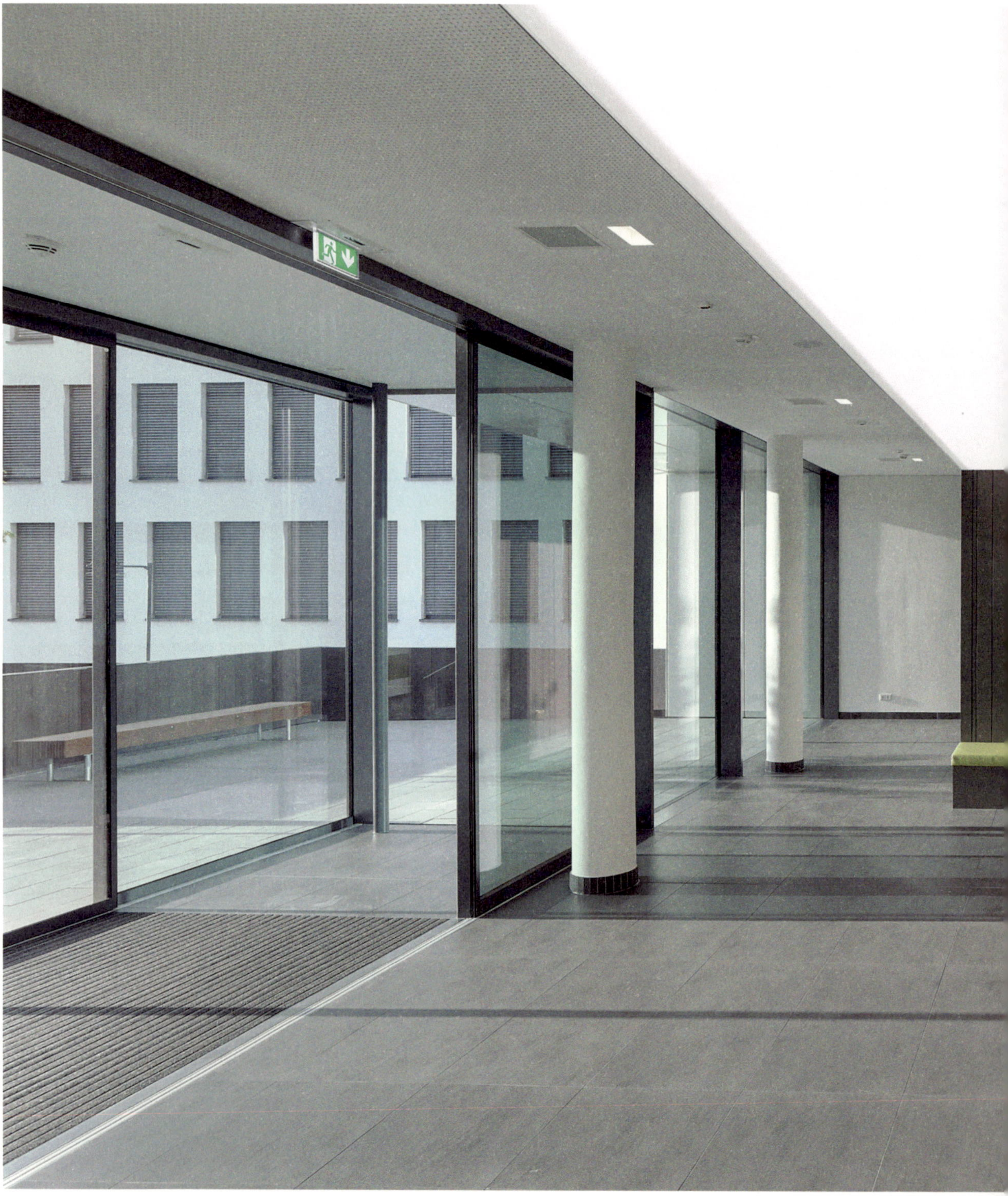

OUTSIDE / EWR AG / SANIERUNG / UMBAU

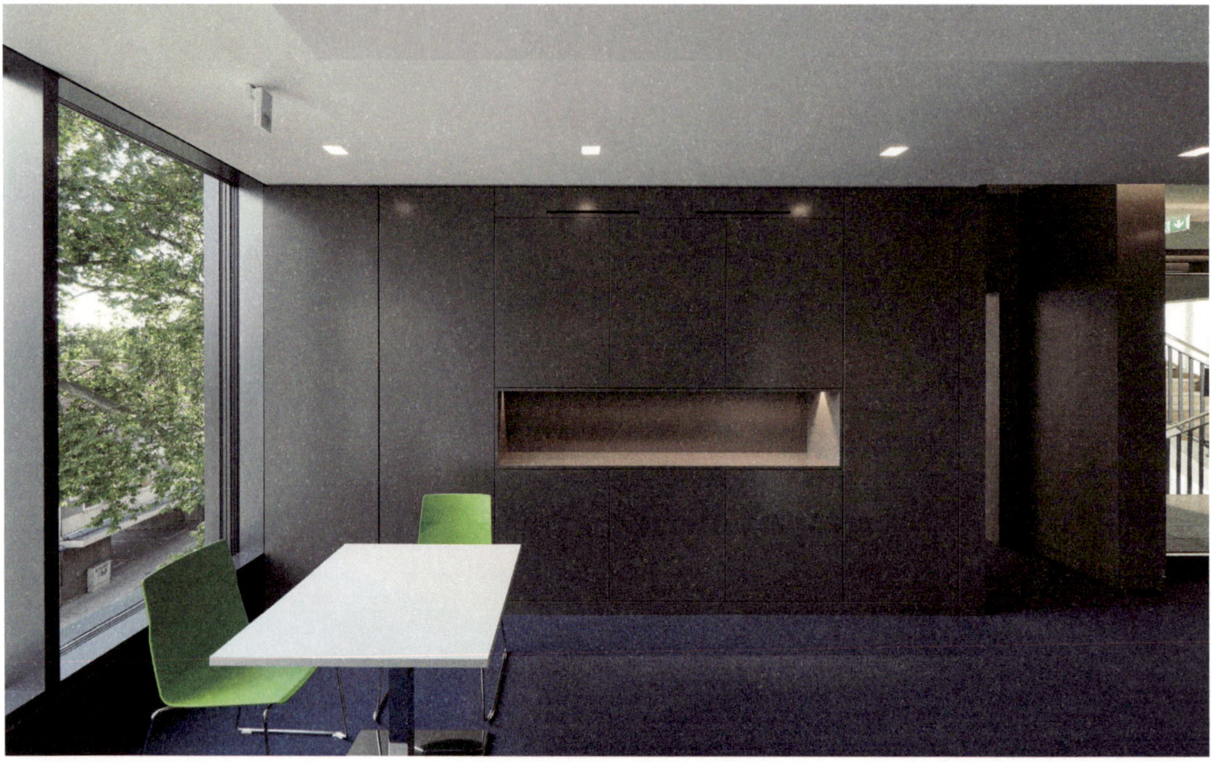

OUTSIDE / EWR AG / SANIERUNG / UMBAU

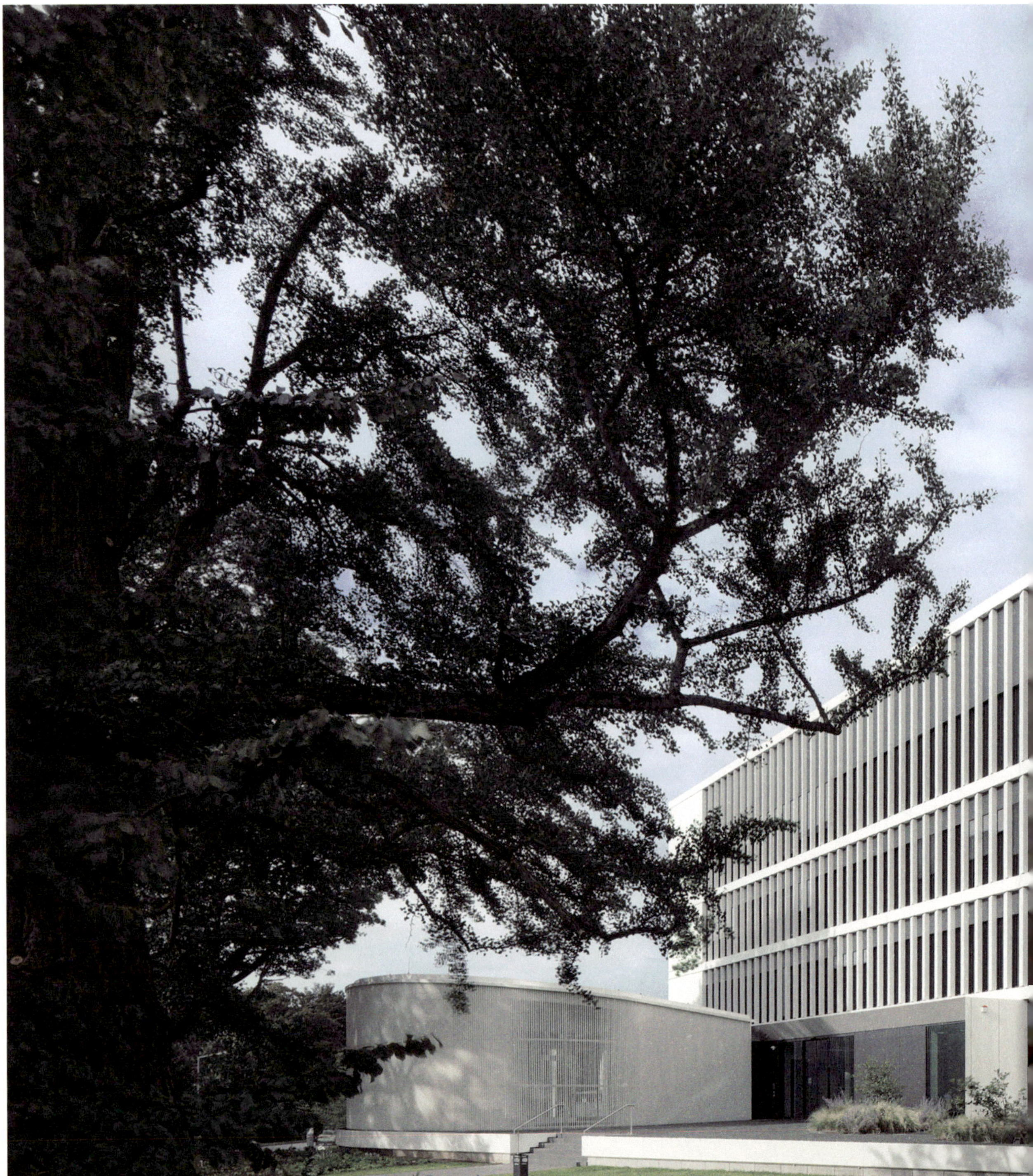

OUTSIDE / EWR AG / SANIERUNG / UMBAU

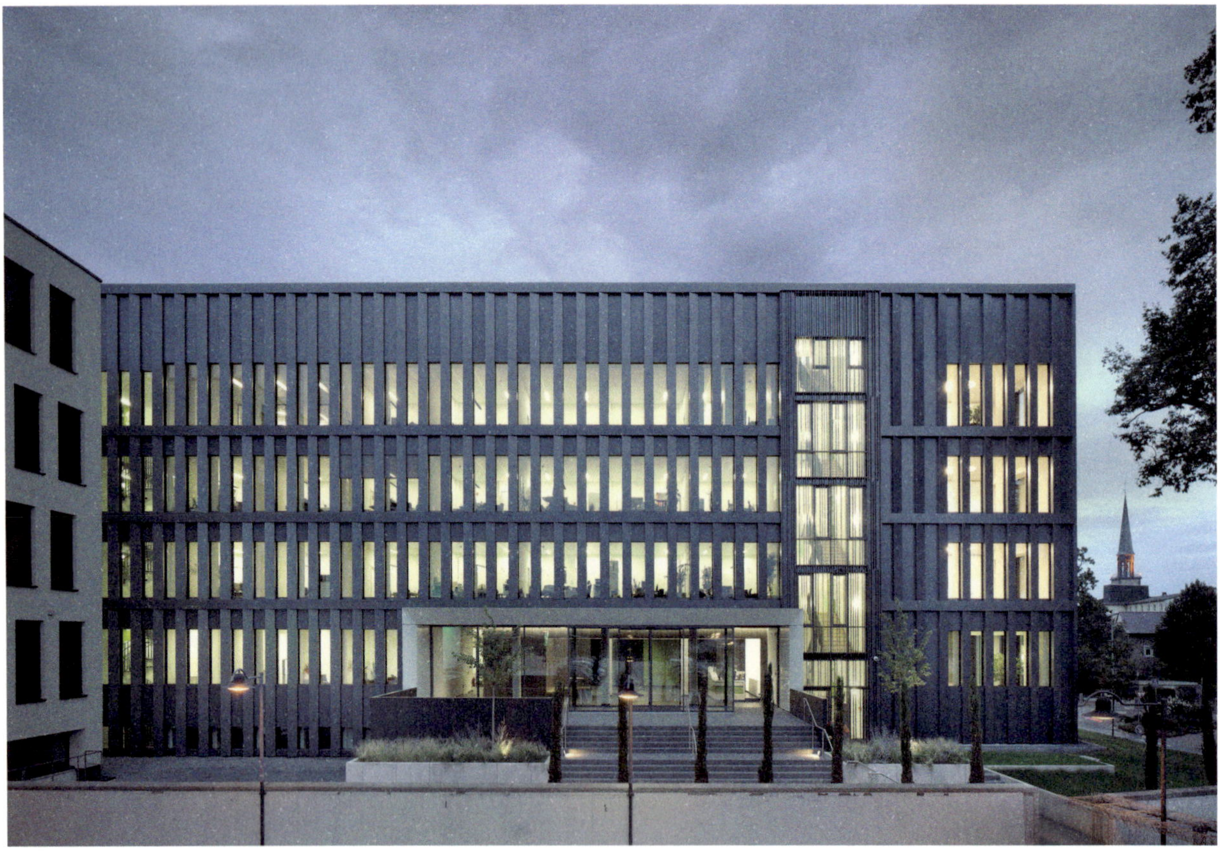

OUTSIDE / EWR AG / SANIERUNG / UMBAU

Sparkasse
Bensheim

BAUHERR: SPARKASSE BENSHEIM
STANDORT: BAHNHOFSTRASSE 30-32, 64625 BENSHEIM
BGF: 10.500 M²

Grundriss
Büroebene mit
zentralem mehr-
geschossigem
Atrium

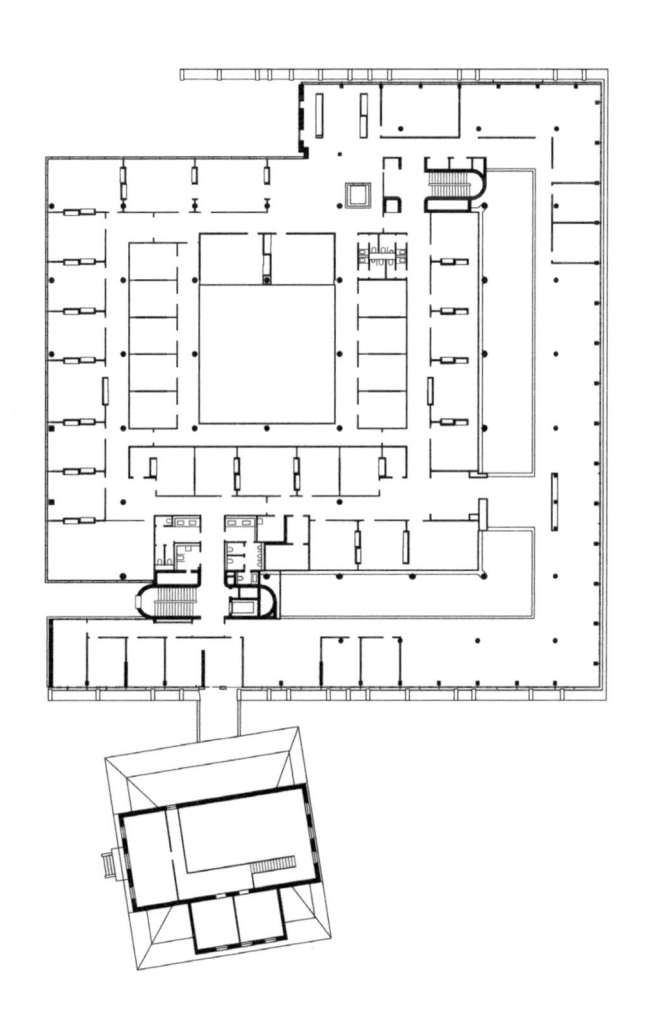

Rundum eingebunden, umarmt von einem neuen Gebäudekörper

Umarmt von einem neuen Gebäudekörper wird die Hauptstelle der Sparkasse gestalterisch und funktional als klare Einheit zusammengefasst. Der Synergie-Effekt der kompakten Bauform gewährleistet sowohl kurze interne Wegeverbindungen, ohne dass zusätzliche notwendige Treppenhäuser oder Aufzüge für die Erweiterungsflächen erforderlich werden, als auch die energetische Ertüchtigung des Gebäudes über die neuen umschließenden Außenfassaden.

Sowohl dem Kunden- als auch dem Mitarbeiterbereich ist jeweils ein eigenes mehrgeschossiges Atrium mit Oberlicht zugeordnet. Beide Bereiche sind klar voneinander getrennt, haben jeweils ihren eigenständigen Charakter, korrespondieren jedoch gleichzeitig mit ihren Atrien funktional und gestalterisch miteinander. Die einladende Positionierung des Haupteingangs der neuen Kundenhalle zur Fußgängerzone ist auf den natürlichen, leicht schmiegsamen Bewegungsfluss der Passanten abgestimmt.

Die vorgesetzte dreigeschossige Gebäudeerweiterung übernimmt die Traufhöhe der gegenüberliegenden Bestandsbebauung. Die Straßenräume erhalten über das behutsame Einfügen des neuen Gebäudekörpers maßstäblich ansprechende Proportionen und stehen im Einklang mit den angrenzenden Stadträumen. Die leichte Aufweitung der Fußgängerzone Richtung Bahnhof wird über die neuen Gebäudekanten torartig definiert. Hier befindet sich im Nordosten der Sparkasse der neue Haupteingang, der von beiden Straßen aus leicht erkennbar ist und zusammen mit der Fassade gestalterisch den Auftakt der Fußgängerzone bildet. Die denkmalgeschützte Villa im Süden übernimmt die Funktion des Immo-Centers. Ein kleiner verglaster Übergang im Erdgeschoss verbindet dieses Gebäude mit dem Haupthaus. Die neue Fassade der Sparkasse bildet für diesen Baukörper einen einheitlich gestalteten, angemessenen Hintergrund. Der neue dreigeschossige Gebäudekörper umarmt von drei Seiten mit gebührendem Abstand das Bestandsgebäude und dient zur Erweiterung der Büroflächen, die sich mit einem flexibel einsetzbaren Rastermaß zur neuen Fassade Richtung Straßenräume orientieren. Zusätzlich ist im Erdgeschoss die neue Kundenhalle integriert.

Die Kundenhalle am neuen Haupteingang ist gleich einer dreischiffigen Markthalle konzipiert, deren mittlerer Bereich über den dreigeschossig durchgehenden Luftraum

OUTSIDE / SPARKASSE BENSHEIM / NEUBAU

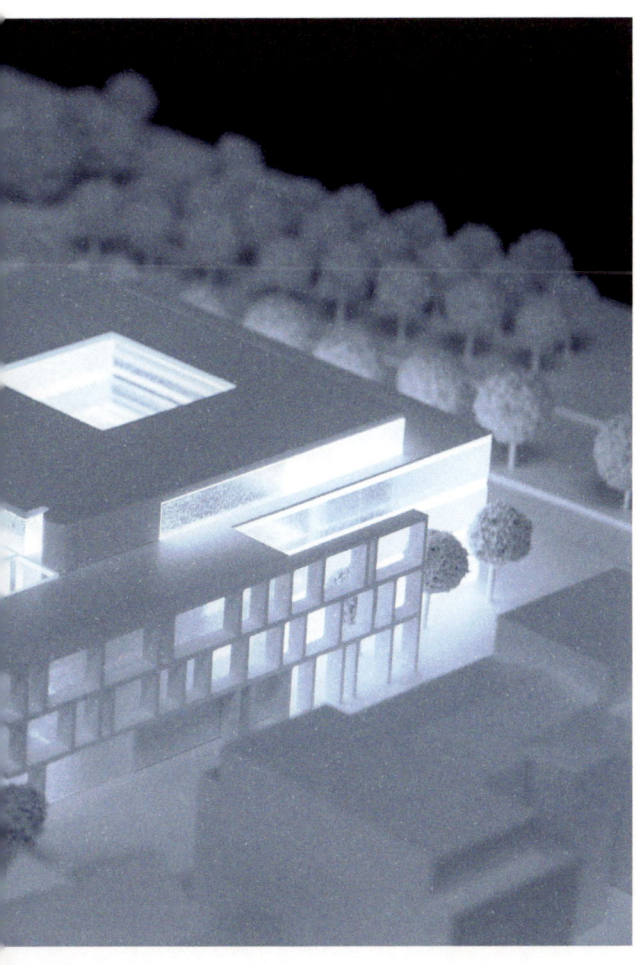

mit durchlaufendem Oberlichtband definiert wird. Diese übersichtliche Anordnung erleichtert mit einem Blick die Orientierung, macht den Raum erlebbar, wirkt einerseits leicht, luftig und offen, vermittelt aber gleichzeitig auch räumlichen Schutz und Sicherheit über die beiden flankierenden Geschossbereiche.

Mit dem Abstand des neuen Gebäudekörpers zum Bestandsbau wird dessen eigenständiger Charakter respektiert, der sich vor allem über das mehrgeschossige Atrium mit Oberlicht im Zentrum definiert. Dieser Charakter wird mit der Erweiterung der Öffnung des Lichthofes im Erdgeschoss gestärkt. Der bestehende alte Kundenzugang zum Atrium wird zurückgebaut. Die über diese Maßnahme frei gewordene Fläche wird mit zusätzlichen Büros ausgestattet. Somit ist dieser Bereich nun ausschließlich den Mitarbeitern der Sparkasse zugeordnet, die einen eigenen, lichtdurchfluteten Arbeits- und Aufenthaltsbereich nutzen können, ohne vom Kundenverkehr gestört zu werden. Von hier aus ist intern auch das denkmalgeschützte Kasinogebäude zu erreichen, in dem als eigenständige Einheit das Immo-Center eingerichtet ist.

Das Dachgeschoss mit den beiden bereits bestehenden L-förmig angeordneten Flügeln wird mit zwei weiteren Flügeln ergänzt, sodass es als Staffelgeschoss die Lichtkuppel des Atriums umschließt. Hier befinden sich Besprechungs-, Schulungs- und Sitzungsräume, Küche mit Casino bzw. Cafeteria sowie eine Dachterrasse mit Panoramablick über die Stadt bis hin zum Odenwald. Somit entsteht ein identitätsstiftender direkter Ortsbezug zur Landschaft.

Kreissparkasse Groß-Gerau
Hauptstelle

BAUHERR: KREISSPARKASSE GROSS-GERAU
STANDORT: DARMSTÄDTER STRASSE 22, 64251 GROSS-GERAU
BGF: 11.200 M²
FERTIGSTELLUNG: 2013

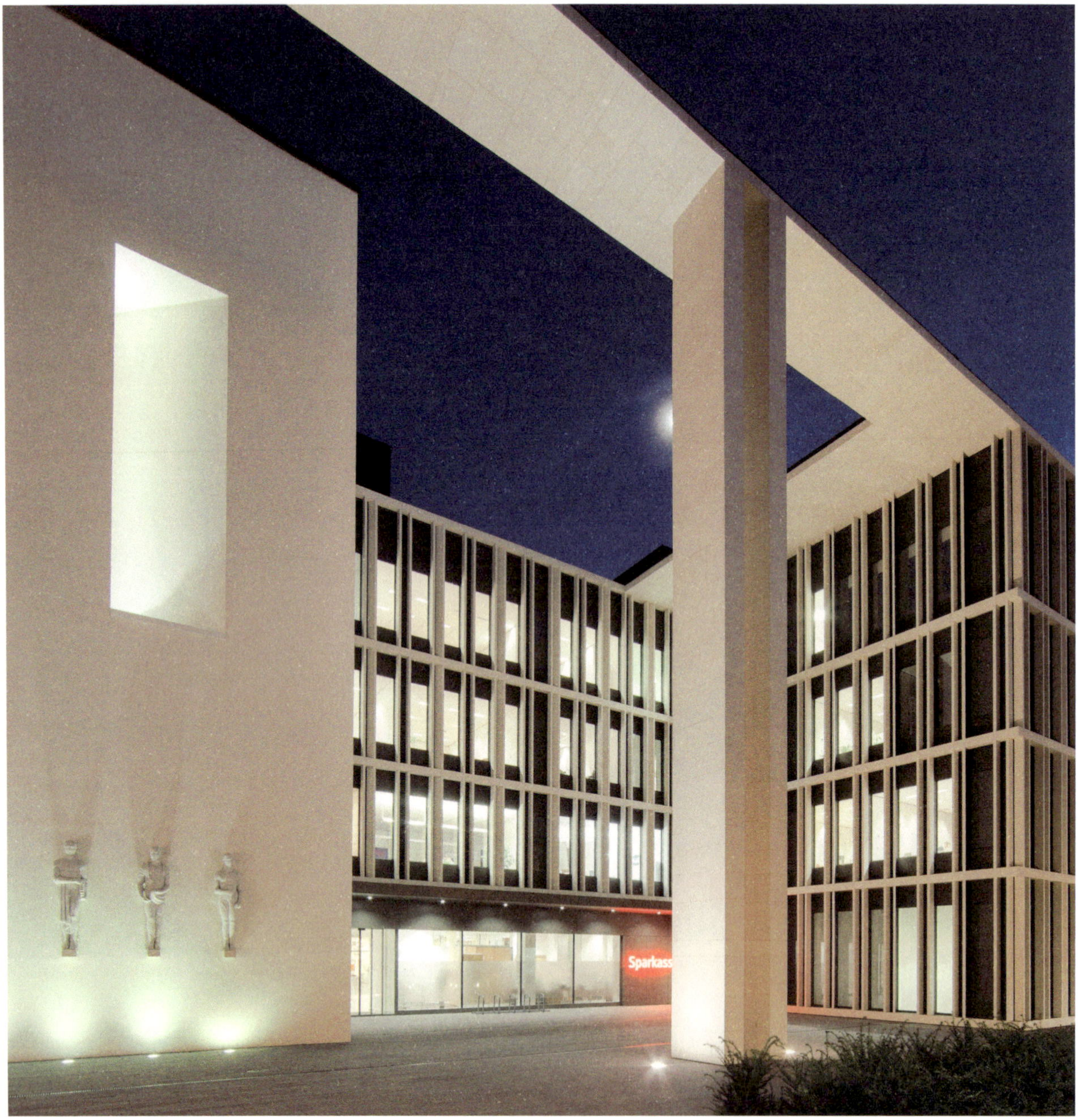
Sparkass

OUTSIDE / KREISSPARKASSE GROSS-GERAU / SANIERUNG / UMBAU

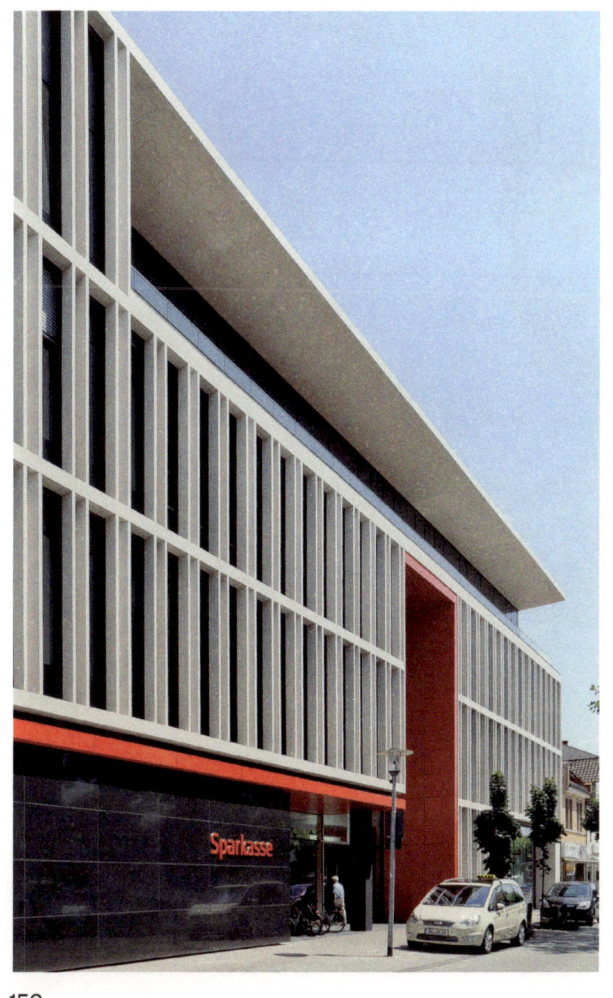

Die Revitalisierung und energetische Ertüchtigung der in die Jahre gekommen Hauptstelle der Kreissparkasse Groß-Gerau erfolgte in den Jahren 2011 – 2013. Das markante Gebäude am zentralen innerstädtischen Marktplatz wirkt durch die neu gegliederte Fassade offen und transparent. Die benachbarte Friedrich-Ebert Anlage lädt zum Verweilen ein. Die Kreissparkasse Groß-Gerau benötigte eine energetische Ertüchtigung und Revitalisierung der Hauptstelle. Ziel war es, die Aufenthalts- und Arbeitsplatzqualität zu verbessern sowie den Energieverbrauch zu reduzieren. Im Ergebnis musste neben den haustechnischen Maßnahmen auch die gesamte Fassade erneuert werden. Die bestehende Fassade wurde durch eine hoch wärmegedämmte ersetzt und durch eine Neuordnung zeitgemäß gegliedert.

Zwei rote Linien als Identifikationsgeste

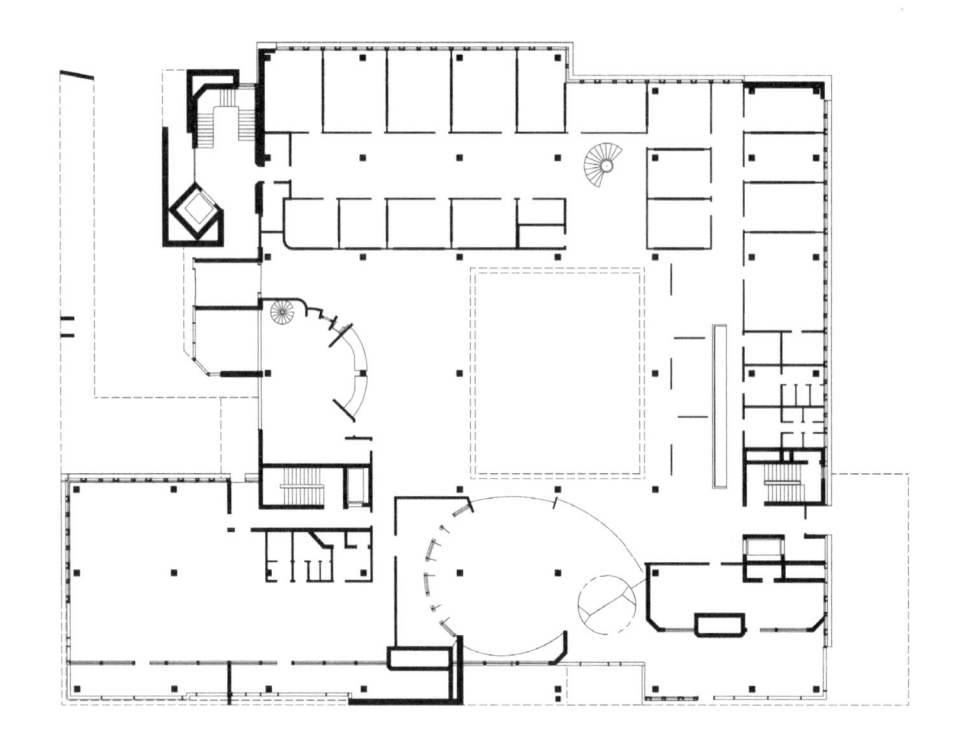

Grundriss Erdgeschoss mit zentraler Kundenhalle und umlaufend angeordnete Büro und Nebenräume

OUTSIDE / KREISSPARKASSE GROSS-GERAU / SANIERUNG / UMBAU

Die Stützen und Unterzüge im Bereich der Loggia im dritten Obergeschoss wurden entfernt und durch ein Vordach ersetzt. Im Bereich der West-Fassade zur Friedrich-Ebert-Anlage wurde der Eingang durch ein neues Portal betont.

Neben der technischen Ertüchtigung der Fassade auf einen modernen energetischen Standard, wurde die Neugestaltung und -gliederung des bestehenden Gebäudekörpers als wesentliche Aufgabe erachtet. Aufgrund der bestehenden Gebäudegröße und der einheitlichen Fassadengestaltung wirke das Bestandsgebäude massiv und abweisend. Insbesondere die Fassade in der Darmstädter Straße erschien aufgrund der Fassadenlänge mit ihrer einheitlichen Gliederung unproportioniert.

Die neue Gliederung des Gebäudekörpers gibt dem Haus eine menschliche Proportion. Ein wichtiges Element hierbei ist die Inszenierung der Eingangsbereiche. Offenheit und Transparenz sollen neben Seriosität und dem ehrwürdigen Handeln der Bank repräsentiert werden. In der Darmstädter Straße wurde die bestehende Kolonnade geschlossen, um zusätzliche Ladenfläche zu gewinnen und ein großzügigeres Entree zu ermöglichen. Zwei rote Linien als Identifikationsgeste führen die Augen zum Haupteingang und halten die Fassade offen, sodass die Transparenz der Sparkasse für jeden Besucher erkennbar ist. Durch diese Eingangszäsur wird die Fassade zur Darmstädter Straße in zwei Teile gegliedert. Beide Bereiche sind als dreigeschossiger Natursteinquarz mit klaren Linien abgebildet. Ein gläserner Sockel im Westen lässt die massive Fassade schweben, sodass eine Leichtigkeit entsteht. Im östlichen Bereich sitzt die Natursteinfassade auf dem Boden. Im Bereich des dritten Obergeschosses befindet sich ein gläsernes Staffelgeschoss. Die öffentlichen oder besonderen Bereiche der Fassade sind mit großzügigen Glasflächen geöffnet, die den repräsentativen Nutzungsanforderungen gerecht werden. Die Ladenzone ist ebenfalls durch Material- oder Strukturwechsel zusätzlich hervorgehoben. Im Bereich der Westfassade erhält das Gebäude einen neuen Abschluss durch ein über den Platz auskragendes Dach. Dadurch wird der Eingang für Geschäftskunden stärker betont und neu definiert.

Im Erdgeschoss sind die Kundenhalle, ein Immobiliencenter, ein Reisebüro und ein Bürobereich zu finden. Das erste und zweite Obergeschoss werden als reine Bürofläche genutzt. Im dritten Obergeschoss befinden sich Schulungsräume, eine Kantine, Büroräume, der Raum für Öffentlichkeitsarbeit.

AutoExpo
Deutsche AutoMarkt GmbH

BAUHERR: DESTINAR GRUNDSTÜCKSVERWALTUNGS-
GESELLSCHAFT MBH & CO. VERMIETUNGS KG
STANDORT: RUDOLF-DIESEL-STRASSE 7, FERNWALD-STEINBACH
BGF: 7.750 M²
FERTIGSTELLUNG: 2013

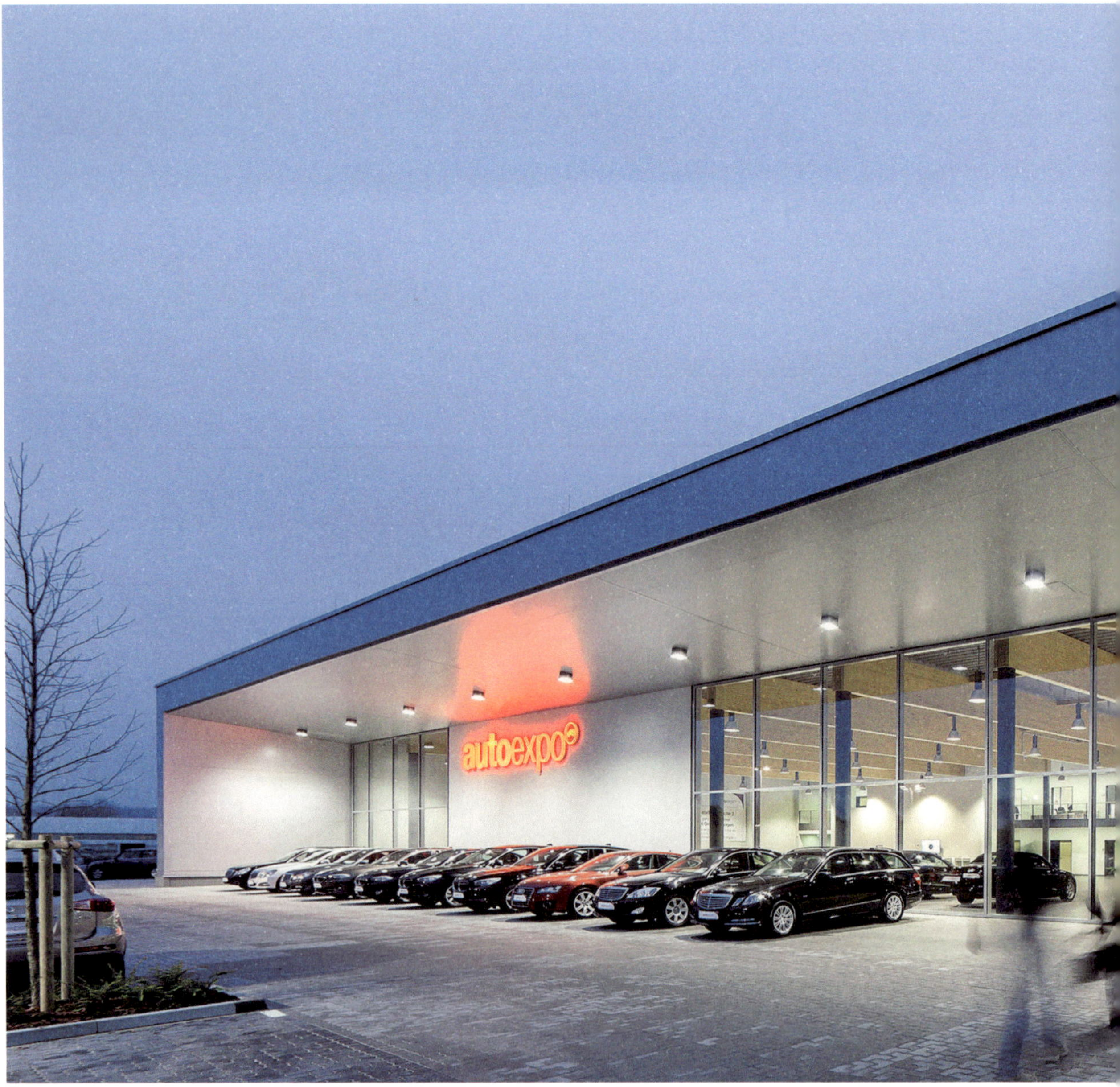
autoexpo

OUTSIDE / AUTO EXPO / NEUBAU

Das Hauptgebäude des Autohauses präsentiert sich in Form eines silberfarbenen Rahmens, unter dem sich innen- und außenliegende Ausstellungsflächen, Werkstatt sowie Büros vereinigen. Völlig verschiedene Funktionsbereiche in unterschiedlicher Geschossanzahl und Dimensionierung sind so über eine Fläche von 7.750 m² zu einer klar ablesbaren Einheit zusammengefasst. Die Schauseite ist als große Vitrine ganzflächig verglast.

Langgestreckte farbliche Akzente interpretieren Bewegung und Schnelligkeit. Das Hauptgebäude des neuen Betriebssitzes ist in zwei Nutzungseinheiten unterteilt. Im westlichen Gebäudeabschnitt befindet sich die Ausstellungshalle mit angegliedertem zweigeschossigen Massivbau, in dem Büro- und Sozialräume für ca. 30 Mitarbeiter angeordnet sind. Die obere Etage des Massivbaus wird über zwei voneinander getrennten innenliegenden Treppenhäusern erschlossen. Über eine offene Galerie gelangt man in die Büroräume. Im östlichen Gebäudeabschnitt befindet sich die Werkhalle mit mittig angeordneten Büro- und Lagerräumen.

Die Werkhalle dient der Aufnahme und Aufbereitung der Kraftfahrzeuge. Zusätzlich zu den Büro- und Lagerräumen befindet sich im rechten Bereich der Werkhalle eine Waschhalle. Nachdem die Kraftfahrzeuge den Kreislauf der Aufnahme und Aufbereitung durchlaufen haben, werden diese im vorgelagerten überdachten Bereich der Werkhalle zwischengelagert. In der Werkhalle sind ca. 40 Mitarbeiter beschäftigt. Das Nebengebäude im südöstlichen Teil des Grundstücks wird in zwei Teilbereiche unterteilt, damit die Räumlichkeiten für zwei unabhängige externe Dienstleister genutzt werden können.

Innerhalb der zwei Teilbereiche befinden sich Büro- und Sanitärbereiche. Im Inneren des Gebäudes zeigt sich dem Betrachter die Klarheit der Konstruktion. Das Hauptgebäude erhielt eine Tragkonstruktion in Stahlbetonfertigteilstützen und Holzleimbindern. Der obere Abschluss des Hauptgebäudes bildet ein Trapezblechdach als Flachdach. Die Fassade der Ausstellungshalle besteht aus einer lichtdurchlässigen Glasfassade sowie elementierten wärmegedämmten Paneelverkleidungen. Oberlichter in der Ausstellungs- und Werkhalle sorgen für den Rauch- und Wärmeabzug sowie eine gleichmäßige Grundbeleuchtung und Durchlüftung.

Landeszahnärztekammer
Frankfurt am Main

BAUHERR: APO IMMOBILIEN KAPITALANLAGENGESELLSCHAFT MBH
STANDORT: RHONESTRASSE 4, 60528 FRANKFURT
BGF: 6.000 M²
FERTIGSTELLUNG: 2003

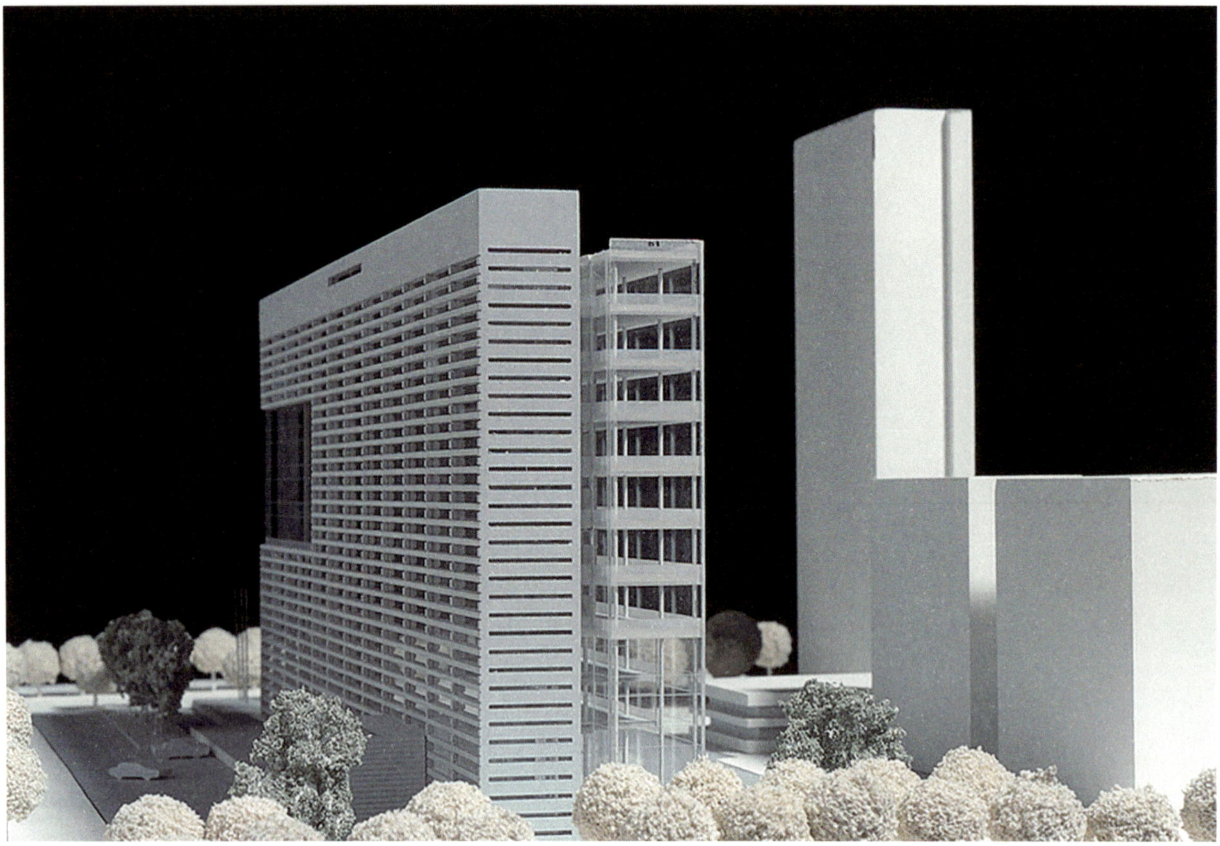

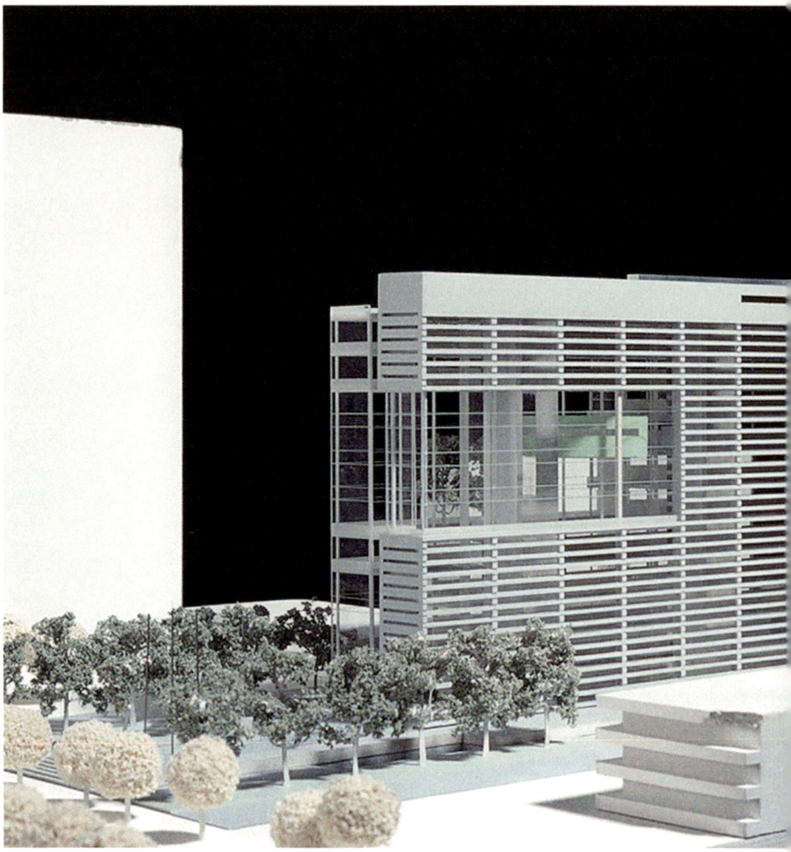

OUTSIDE / LANDESZAHNÄRZTEKAMMER / SANIERUNG / UMBAU

Hochflexibel und zeitgemäß

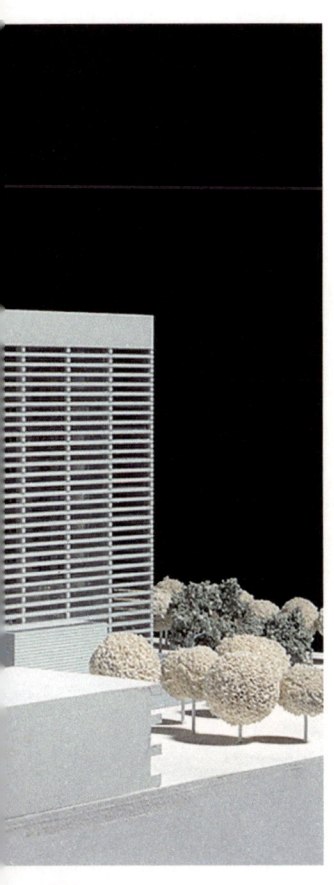

Das 1969 entstandene fünfgeschossige Bürogebäude mit Tiefgarage wurde grundlegend saniert und modernisiert. Im Zuge der Baumaßnahmen wurde das Gebäude bis auf die konstruktiven Bauteile wie Decken, Stützen und massive Wandscheiben zurückgebaut. Die vorhandene, nicht mehr standfeste Muschelkalkfassade wurde durch eine neue Natursteinfassade ersetzt. Mit dieser Maßnahme wurde das vorhandene Büro-Achsraster von 170 cm in ein Doppelraster von 120 cm und 50 cm unterteilt. Somit konnte eine hohe Flexibilität bei der neuen Raumaufteilung sowie Raumbelegung realisiert werden.

Im Inneren wurden Empfangsbereich, Besprechungs- und Konferenzräume sowie die Sanitärbereiche neu konzipiert und umgestaltet. Es konnten hochflexible, zeitgemäße Büroeinheiten geschaffen werden. Ebenso wurde das Gebäude den energetischen und brandschutztechnischen Anforderungen eines modernen Bürohauses angepasst.

Altenheim und betreutes Wohnen Lauterbach

BAUHERR: HEPHATA – HESSISCHES DIAKONIEZENTRUM E.V.
STANDORT: AM GRABEN 88, 36341 LAUTERBACH
BGF: 4.900 M²
FERTIGSTELLUNG: 2013

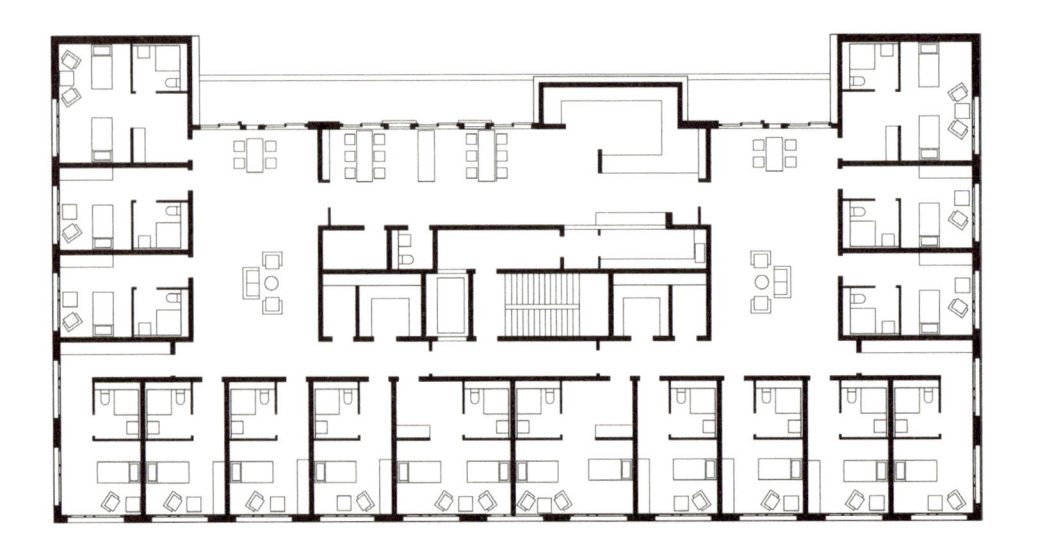

Grundriss mit zentralem Erschließungskern und zentralem Gemeinschaftsbereich mit Balkon. Die Bewohnerzimmer sind U-förmig um die zentralen Einheiten angeordnet.

Grundriss denkmalgeschütztes Pflegeheim mit Gemeinschaftsräumen und einzelnen Bewohnerzimmern

OUTSIDE / ALTENHEIM AN DER LAUTER / NEUBAU / SANIERUNG

Das Seniorenzentrum »An der Lauter« liegt im historischen Ortskern von Lauterbach und besteht aus einem Altenpflegeheim sowie einem Wohnhaus für Betreutes Wohnen, die sich als Ensemble um einen neuen städtischen Platz gruppieren. Dieser zentrale Platz dient als Treffpunkt. Die gemeinschaftlichen Bereiche beider Gebäude orientieren sich zu diesem Platz und verdeutlichen damit seine Bedeutung als lebendigen Mittelpunkt und Ort des Austausches.

Das Altenpflegeheim wurde als Neubau errichtet und orientiert sich in Höhe und Ausrichtung an den ehemaligen und nicht mehr vorhandenen Vorgängerbauten der Brauerei und des städtischen Schlachthofes. Das Wohnhaus für das betreute Wohnen steht unter Denkmalschutz und wurde Anfang des 20. Jahrhunderts aus Backsteinen mit Basaltsockel errichtet. Es handelt sich um das ehemalige Armenhaus und ist historisch gesehen für die Stadt von besonderer Bedeutung.

Das Altenpflegeheim bietet Raum für 60 Pflegeplätze sowie für eine Tagespflegeeinrichtung für acht Personen. Die Bewohnerräume befinden sich in den drei Obergeschossen. Jedes Obergeschoss bietet Platz für jeweils 20 Bewohner. In jeder Wohngruppe ist ein zentraler Gemeinschaftsbereich mit Balkon vorgesehen, der sich Richtung Südosten orientiert. Zwischen zwei Wohngruppen ist ein übergeordneter Aufenthaltsbereich angeordnet, der für beide Wohngruppen bestimmt ist. Im Erdgeschoss liegt der Empfangsbereich, über den die Verwaltungsräume und die Einrichtung für die Tagespflege erschlossen werden. Außerdem befindet sich hier ein Wellnessbereich mit Pflegebädern und Snoozle-Raum, die auch die Bewohner des betreuten Wohnens mitnutzen können.

Verbunden mit der Grundrissgestaltung, die in nur sehr wenigen Bereichen Flure aufweist, hat das Haus ein wirtschaftlich sehr gutes Verhältnis zwischen Nutzflächen zu Verkehrsflächen. Für das betreute Wohnen wurde das bestehende Backsteingebäude aufgrund seiner guten Struktur als barrierefreies Wohnhaus unter Beibehaltung der vorhandenen Grundrissstruktur umgebaut. Hierfür wurde ein Aufzug in das Gebäude integriert. Das Haus wurde komplett saniert und energetisch über eine Innendämmung ertüchtigt. Die alten Fenster wurden durch neue Holzfenster ersetzt, die sich am historischen Bestand orientieren.

Seniorenzentrum
Haus Wagnergasse

BAUHERR: HEPHATA – HESSISCHES DIAKONIEZENTRUM E.V
STANDORT: ROSENGASSE 11, 34613 SCHWALMSTADT-TREYSA
BGF: 3.500 M² / 780 M²
FERTIGSTELLUNG: 2010

Ein Gebäudeensemble zur Integration älterer Menschen mitten in das Leben einer Stadt

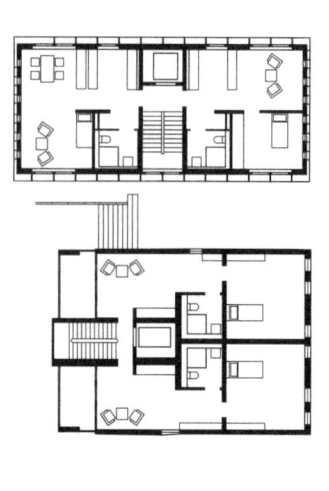

Grundriss Obergeschoss mit Bewohnerzimmern und zentralem Gemeinschaftsraum. Die Gebäudkubatur nimmt die bestehenden Straßenfluchten auf.

Grundriss Obergeschosse Bewohnerzimmer mit angegliederten Gemeinschaftsbereichen

OUTSIDE / SENIORENZENTRUM HAUS WAGNERGASSE / NEUBAU / SANIERUNG

Im historischen Stadtkern von Treysa ist ein neues Gebäude-Ensemble mit Wohnungen für ältere Menschen sowie Pflegeeinrichtungen entstanden. Das Projekt zielt auf die Integration älterer Menschen mitten in das Leben einer Stadt und darauf, mit alten und pflegebedürftigen Menschen einen neuen Lebensabschnitt behutsam mit professioneller Unterstützung gestalten zu können, sowie sie in ihrer Persönlichkeit und Selbstständigkeit in den Mittelpunkt zu stellen.

Das alte, stattliche Fachwerkhaus in der Wagnergasse wurde behutsam saniert, kann zusammen mit einem angegliederten Neubau in den geschaffenen Wohnungen nun ältere Menschen aufnehmen. Zusammen mit dem neuen Altenpflegeheim in der Rosengasse entstand ein Gebäude-Ensemble, das sich harmonisch in die historische Bebauung mit Grünbereichen und Plätzen, die zum Teil neu geschaffen wurden und zum Verweilen einladen, einfügt. Durch die Anordnung der Neubauten wurden gezielt Außenräume geschaffen. Plätze, die auch der Öffentlichkeit zugänglich sind.

Die klare Giebelform und stringente Fensterteilung des Neubaus weicht in den seitlichen Fassaden einer aufgelockerten Gliederung mit Holzlamellen. Die Holzelemente gliedern die dahinterliegenden Putzflächen und erinnern an das Fachwerk der umliegenden Bebauungen. Das Haus für Betreutes Wohnen steht in unmittelbarer Nachbarschaft zum Seniorenzentrum in der Wagnergasse. Es ersetzt ein baufälliges Fachwerkhaus, welches im Vorfeld abgebrochen wurde. In enger Absprache mit der Denkmalpflege wurde der Neubau geplant und errichtet. Ausrichtung, Größe, Kubatur sowie Farbgestaltung des Neubaus orientieren sich am ehemaligen Fachwerkhaus. In moderner Formensprache werden tradierte Architekturelemente wie Giebel, Holzgefache, Sockelzone und Fensterelemente neu interpretiert. Insgesamt entsteht ein Baukörper, der sich in die historisch gewachsene Struktur der Fachwerkstadt Treysa einfügt, ohne seine zeitgenössische Herkunft zu verleugnen.

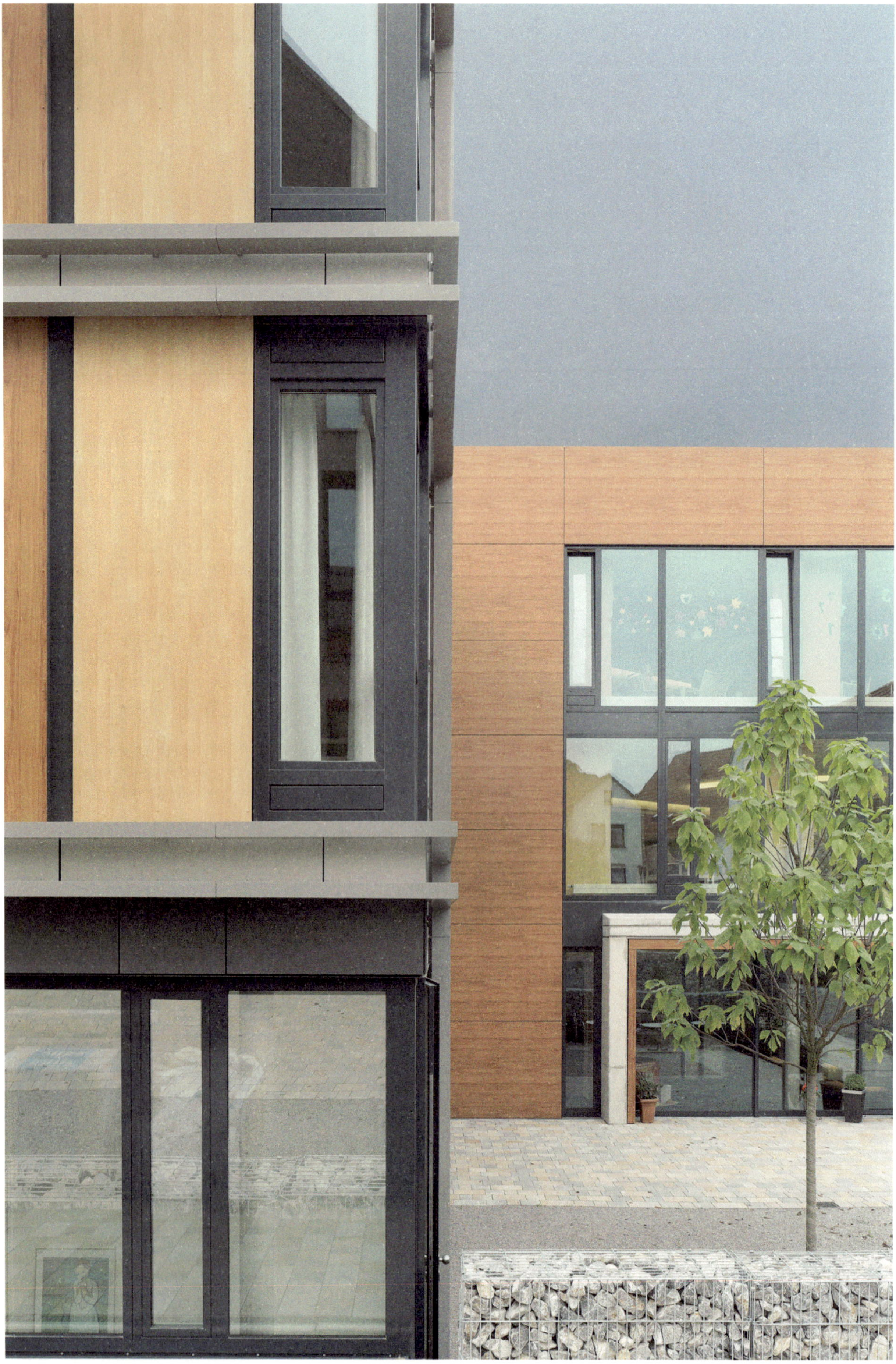

OUTSIDE / SENIORENZENTRUM HAUS WAGNERGASSE / NEUBAU / SANIERUNG

Hephata – psychiatrische Tagesklinik

BAUHERR: HEPHATA – HESSISCHES DIAKONIEZENTRUM E.V.
STANDORT: SCHIMMELPFENGSTR. 6, 34613 SCHWALMSTADT
BGF: 900 M²
FERTIGSTELLUNG: 2006

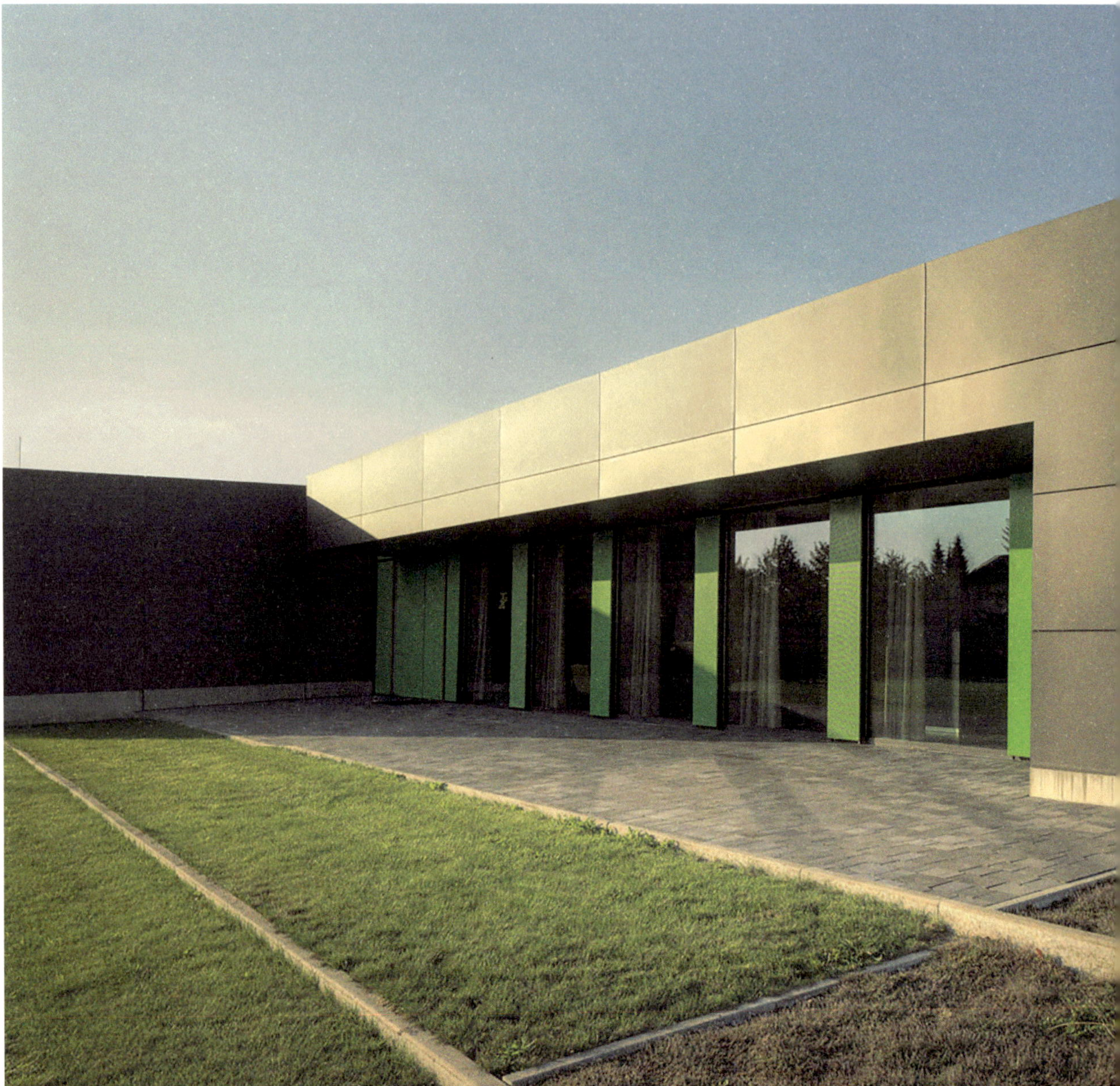

OUTSIDE / HEPHATA – PSYCHIATRISCHE TAGESKLINIK / NEUBAU

Ruhe und Geborgenheit inmitten von Streuobstwiesen

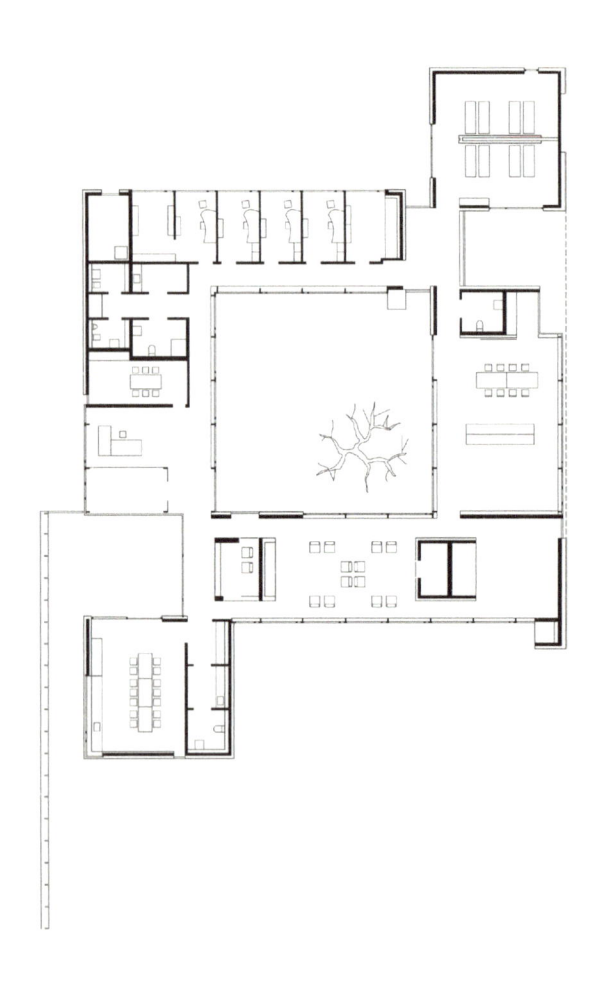

Grundriss mit zentralem Innenhof und umlaufend angeordneten Sozial- und Nebenräumen

OUTSIDE /HEPHATA – PSYCHIATRISCHE TAGESKLINIK / NEUBAU

Die neue psychiatrische Tagesklinik der Hephata in Schwalmstadt-Treysa liegt neben Streuobstwiesen am Stadtrand in unmittelbarer Nähe zum Ärztehaus und der Hephata-Klinik. Das Gebäude strahlt Ruhe und Geborgenheit aus. Gleichzeitig beleben sonnengelbe und grasgrüne Farbakzente die Hausfassade. Raumhohe Fenster der Gruppenräume im Süden öffnen sich einladend in die Natur, während die kleinen Fensterschlitze der Ruheräume eine fast meditative Stille vermitteln.

Die Anlage zeigt sich zur Erschließungsstraße nach Westen und nach Norden schützend geschlossen und öffnet sich nach Süden und Osten zum großzügig angelegten Garten. Aufenthaltsbereiche im Freien sind wind- und blickgeschützt. Unterschiedlich angeordnete Wandscheiben, Sichtschutzelemente und Hecken wirken unterstützend, definieren Außenräume, lenken Blick und Bewegung in gewünschte Richtungen, schützen vor Einblick und Lärm. Die auf dem Grundstück vorgefundene Streuobstwiese wird als Thema in die Gartengestaltung aufgenommen.

Der Neubau der Tagesklinik ist eingeschossig konzipiert. Die Anlage gliedert sich in zwei L-förmige Hauptbaukörper, die um einen zentralen Innenhof angeordnet sind. Mit dieser Geste kann dem Erfordernis einer Trennung in die Hauptfunktionsbereiche *Personalbereich* und *Patientenbereich Aufenthalt/Anwendungen* sowie gleichzeitig dem Wunsch nach einer übersichtlichen Anlage entsprochen werden. Besondere Nutzungsbereiche, wie die *Ruheräume* und die *Therapieküche* mit Aufenthaltsqualität werden räumlich von der Gesamtkubatur durch jeweils einen weiteren *Innenhof* abgesetzt.

Die Innenhöfe sind drei- und vierseitig umschlossen und werden jeweils bezogen auf die unmittelbar angrenzenden Nutzungsbereiche unterschiedlich atmosphärisch gestaltet und genutzt. Jeder Innenhof bildet eine räumliche und akustische Pufferzone. Verglaste Innenhoffassadenflächen stellen eine optische Verbindung zwischen den Funktionsbereichen her und gestatten wiederkehrende Blickbeziehungen. Eine visuelle Orientierung innerhalb der Anlage wird dadurch gut möglich. Der Erschließungsbereich im westlichen Gebäudeteil erfährt durch den unmittelbar angrenzenden Innenhof optisch eine räumliche Erweiterung – die Tagesklinik zeigt sich dem Besucher im Inneren offen und einladend.

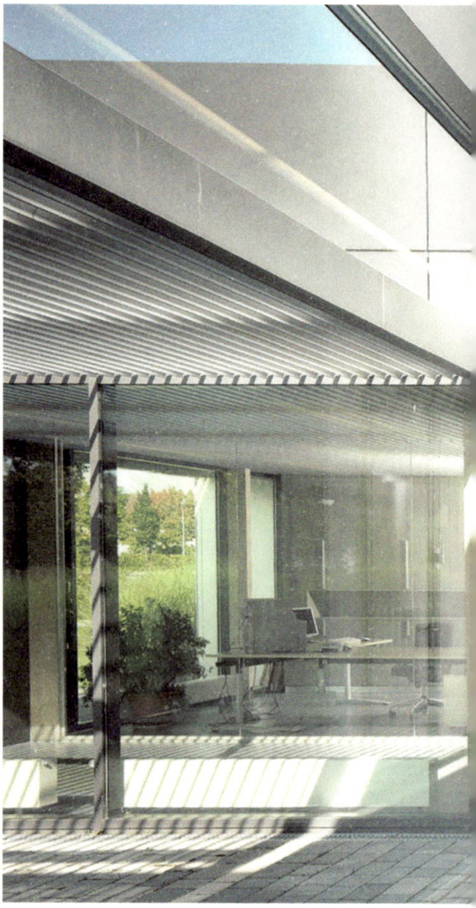

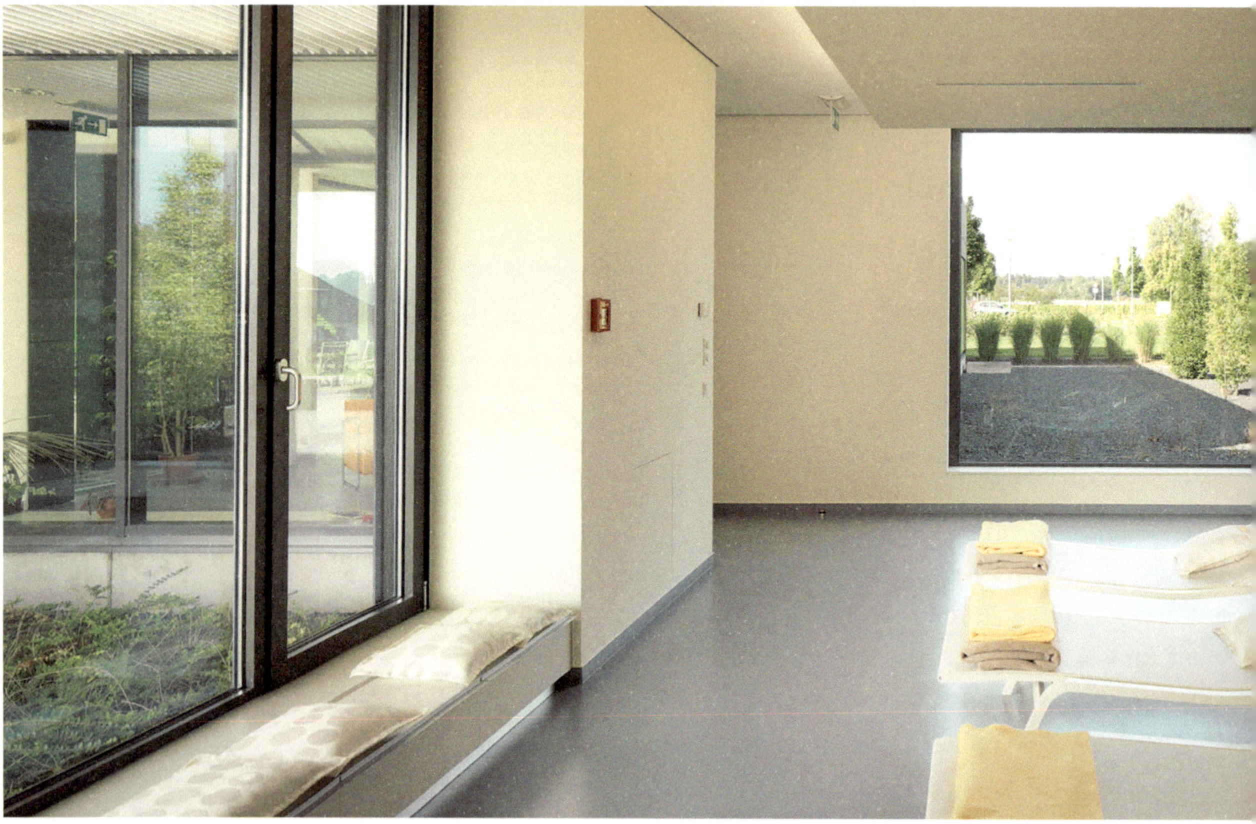

OUTSIDE /HEPHATA – PSYCHIATRISCHE TAGESKLINIK / NEUBAU

Hephata Werkstatt
an der Feuerwache

BAUHERR: HEPHATA – HESSISCHES DIAKONIEZENTRUM E.V.
STANDORT: AN DER FEUERWACHE 2, 34613 SCHWALMSTADT
BGF: 3.500 M²
FERTIGSTELLUNG: 2012

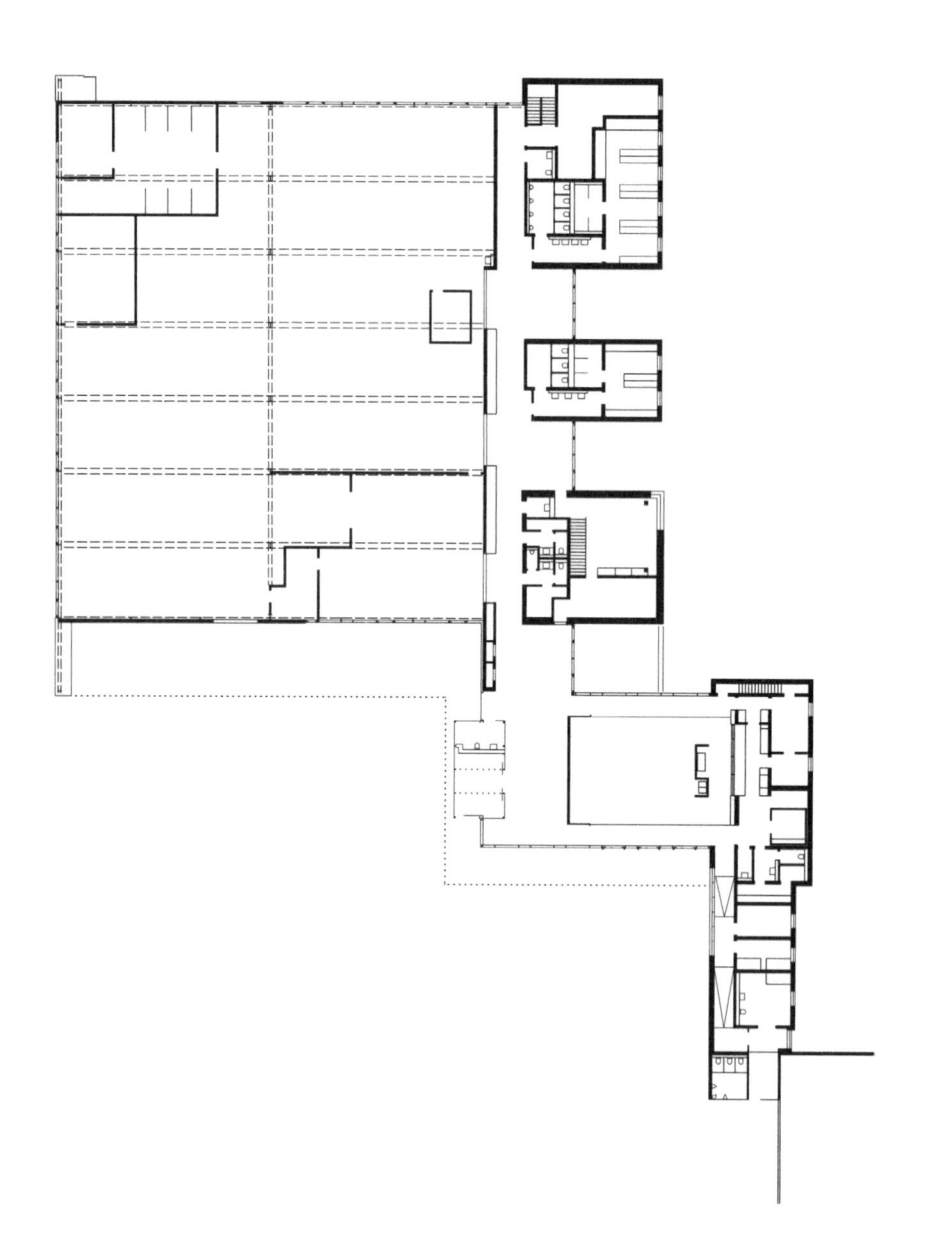

Grundriss Werkstatt mit Eingangshalle und angegliederten Sozial- und Nebenräumen

Ein ausladendes Dach, unter dem sich verschiedene Nutzungsbereiche als eingeschobene Kuben vereinen

OUTSIDE / HEPATHA WERKSATT AN DER FEUERWACHE / NEUBAU

Das neue Werkstattgebäude wurde an exponierter Lage auf einem Eckgrundstück zur Bundesstraße errichtet. Es ist damit auch Zeichen und »Visitenkarte« des Hephata-Diakoniezentrums als einer der wichtigsten Arbeitgeber in der Region des Schwalm-Eder-Kreises und verlangte dementsprechend eine aussagekräftige, klare Gestaltung.

Bedingt allein durch die Maße der Werkstatthalle wurde das Werkstattgebäude als Großform konzeptioniert, versinnbildlicht durch ein allumfassendes, horizontal ausladendes Dach, unter dem sich alle verschiedenen Nutzungsbereiche als eingeschobene Kuben vereinen. So entsteht unter der einfachen ruhigen Form des auskragenden Daches eine geordnete Feingliedrigkeit und Höhenstaffelung in den Fassaden und Bauteilen, die sich in ihrer Maßstäblichkeit an der umgebenden Bebauung orientieren. Aufgrund der Nutzung des Gebäudes als Metallwerkstatt sollen auch die Oberflächen der Paneelverkleidungen aus Metallblechen, gegebenenfalls auch aus patinierten Blechen, ausgebildet werden.

Einige der Kuben, die Richtung Osten ausgerichtet sind, erhielten eine durchscheinende Fassadengestaltung – ähnlich der Art einer leuchtenden Membran. Somit wird nicht nur tagsüber, sondern auch zu Abend- und Nachtzeiten mittels einer akzentuierten Lichtgestaltung das neue Werkstattgebäude zu einem Merk- und Orientierungspunkt.

Bezug nehmend auf die besondere Nutzergruppe müssen bestehendes und neues Werkstattgebäude in allen zugänglichen Bereichen barrierefrei erreichbar sein. Für die geplanten Außenanlagen sind daher Rampenanlagen vorgesehen, um die barrierefreie Zugänglichkeit zu gewährleisten. Auch innerhalb des Gebäudes und des Verbindungsganges zum bestehenden Gebäude sind alle Nutz- und Verkehrsflächen auf einer Ebene untergebracht. Die neue Werkstatthalle ist für 110 Personen ausgelegt. Die Werkstatthalle hat eine Nutzfläche von ca. 1.500 m² und besteht aus zwei Schiffen. Die Südseite der Werkstatthalle mit dem Anlieferungstor erhält ein Vordach zum Schutz vor Witterungseinflüssen. Auf der Westseite befindet sich ein durchlaufendes Fensterband. Die Nordseite besteht aus raumhohen Fassadenelementen, die je nach Nutzungsanforderungen geschlossen oder als Fensterfläche ausgebildet werden. Richtung Osten wird die Werkstatthalle mittels einer Wand von den übrigen Büro- und Nebenräumen, die an einer Erschließungszone angeordnet sind, getrennt. In dieser Wand sind Verglasungselemente eingefügt, die Ausblicke von der Werkstatthalle über die Erschließungszone in den Außenbereich ermöglichen.

Das neue Werkstattgebäude wurde in unmittelbarer Nähe der bereits bestehenden Werkstatt errichtet. So können alte und neue Werkstatthalle unabhängig voneinander betrieben werden; sind aber miteinander räumlich verbunden.

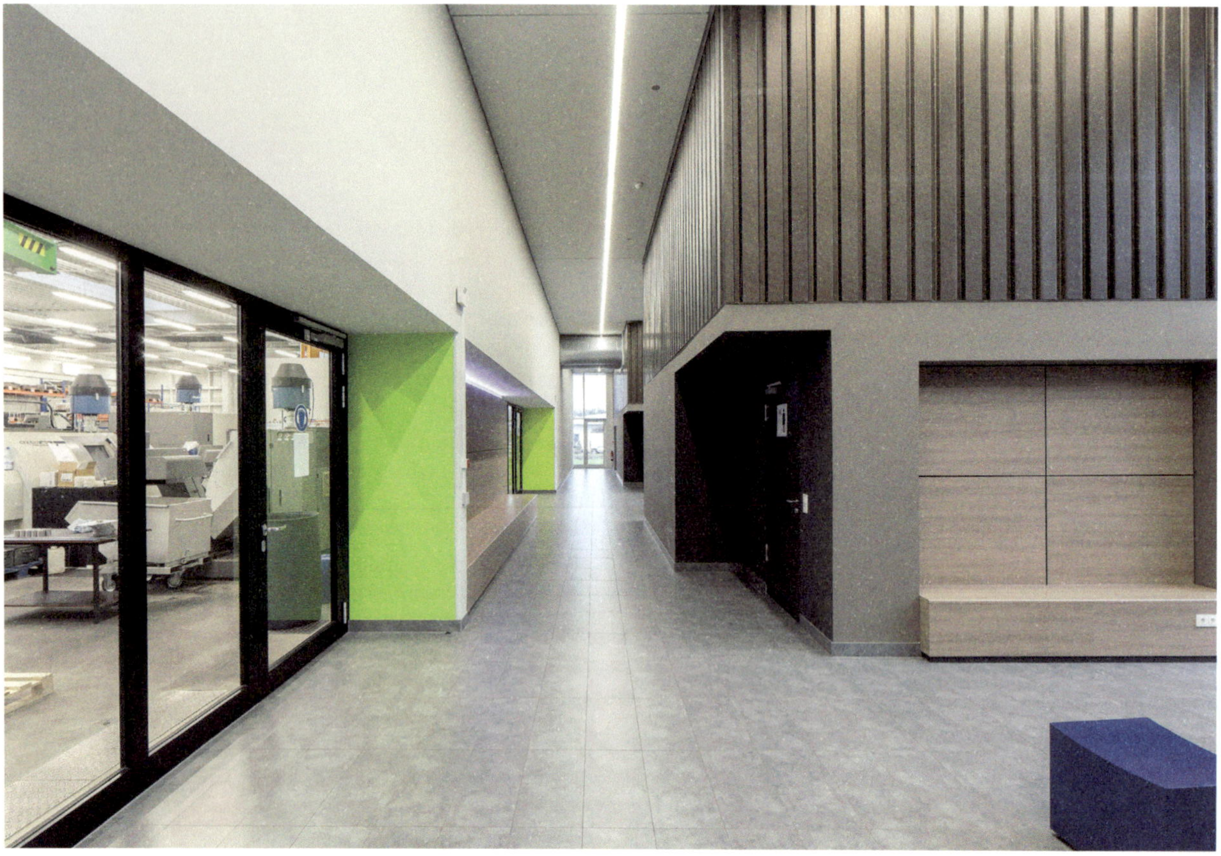

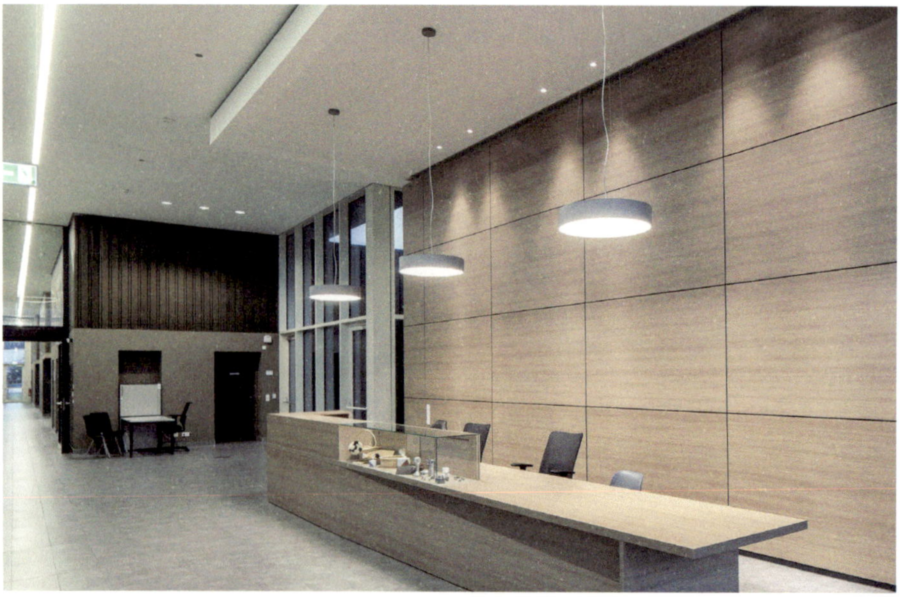

OUTSIDE / HEPATHA WERKSATT AN DER FEUERWACHE / NEUBAU

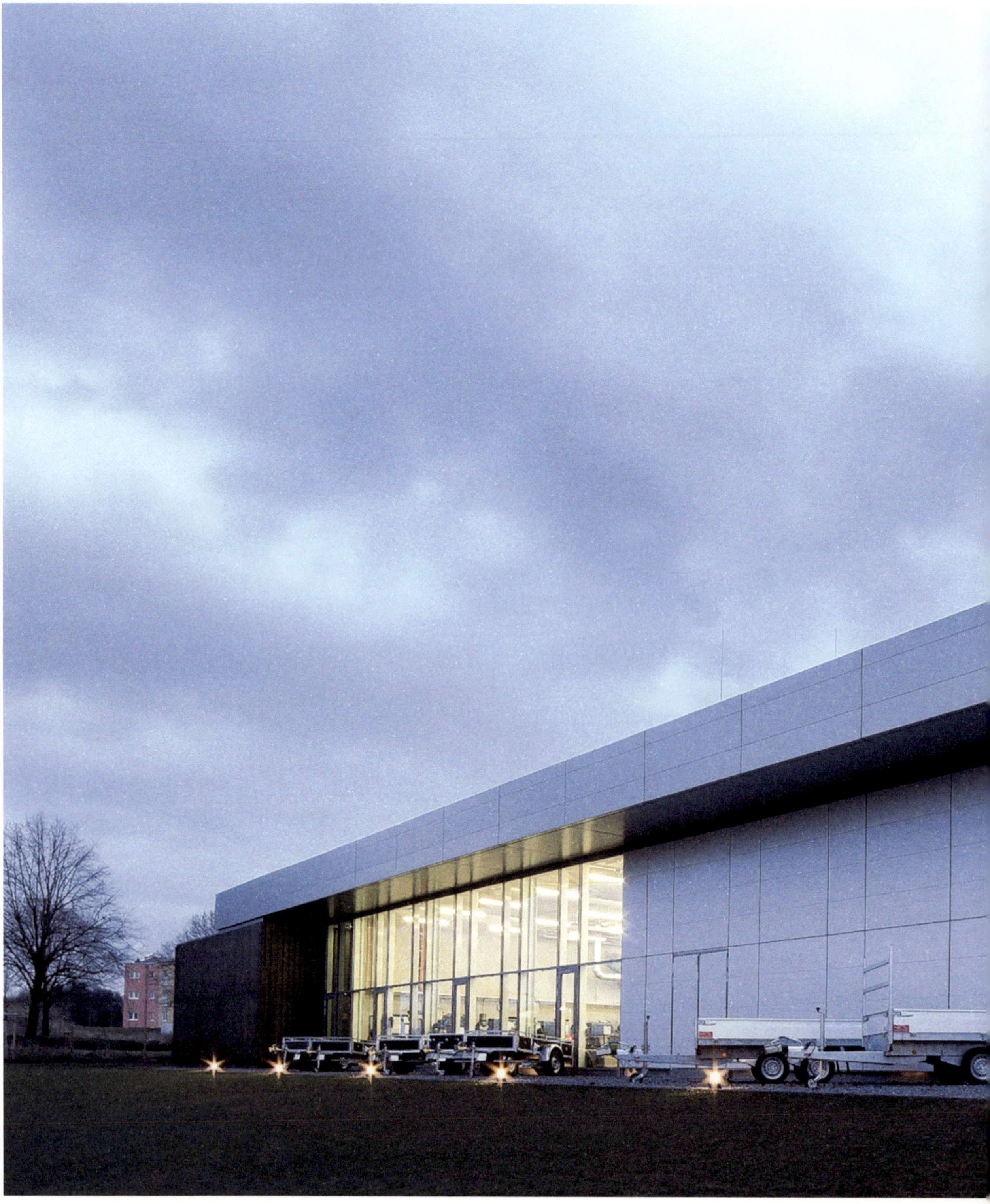

OUTSIDE / HEPATHA WERKSATT AN DER FEUERWACHE / NEUBAU

Reformationskirche
Bad Schwalbach

BAUHERR: EVANGELISCHE KIRCHENGEMEINDE, BAD SCHWALBACH
STANDORT: ADOLFSTRASSE 34, 65307 BAD SCHWALBACH
BGF: 1.000 M²
FERTIGSTELLUNG: 2004

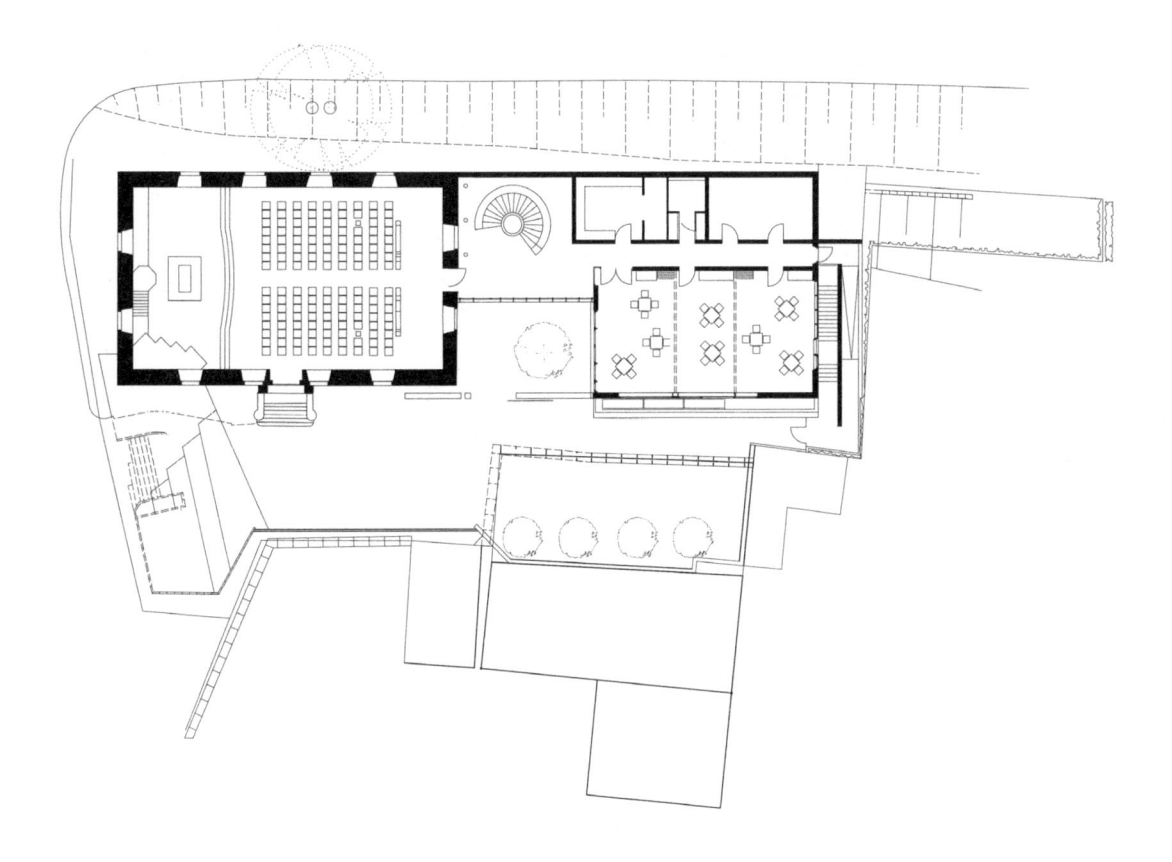

OUTSIDE / REFORMATIONSKIRCHE BAD SCHWALBACH / NEUBAU / SANIERUNG

Grundriss
Bestandskirche
mit erweitertem
Versammlungsraum
und Nebenräumen

Der Neubau des Gemeindezentrums ging als Siegerentwurf aus einem Wettbewerb 2001 hervor, welcher ausgelobt wurde, um den vielfältigen Vorgaben und dem gestalterischen Anspruch an eine Neukonzeption gerecht zu werden.

Um das umfangreiche Raumprogramm auf dem sehr kleinen zur Verfügung stehenden Grundstück unterzubringen, wurde eine umlaufende Kirchenmauer in Verlängerung des vorhandenen Kirchenbaues errichtet. Die Kirchenmauer verbindet die bestehende Kirche mit dem Neubau des Gemeindezentrums in zurückhaltender Form als überlagerndes Ordnungselement. Baulicher Mittelpunkt bleibt das vorhandene Kirchenbauwerk. Ein quer ausgerichteter Baukörper, eine Box, bildet ein Gegengewicht zum Kirchenbau.

Über ein großes Schiebetor betritt man den Patio. Dieser Außenraum mit besonderen Aufenthaltsqualitäten bietet wechselseitige beziehungsweise gemeinsame Nutzungsmöglichkeiten im Zusammenhang mit dem Foyer, den Gruppenräumen im Erdgeschoß und mit dem Kirchenraum selbst, z. B. für Gemeindefeste.

Von hier aus erreicht man den Kirchenraum oder das Gemeindezentrum über das zweigeschossige, verglaste Foyer. Im Obergeschoß befinden sich Büroräume für Pfarrer und Arbeitsgruppenräume. Von hier überblickt man die Eingangszone, den Patio, sodass Besucher sofort wahrgenommen werden. Ein Steg verbindet die Empore des Kirchenraumes mit den Räumlichkeiten des Gemeindezentrums im Obergeschoß.

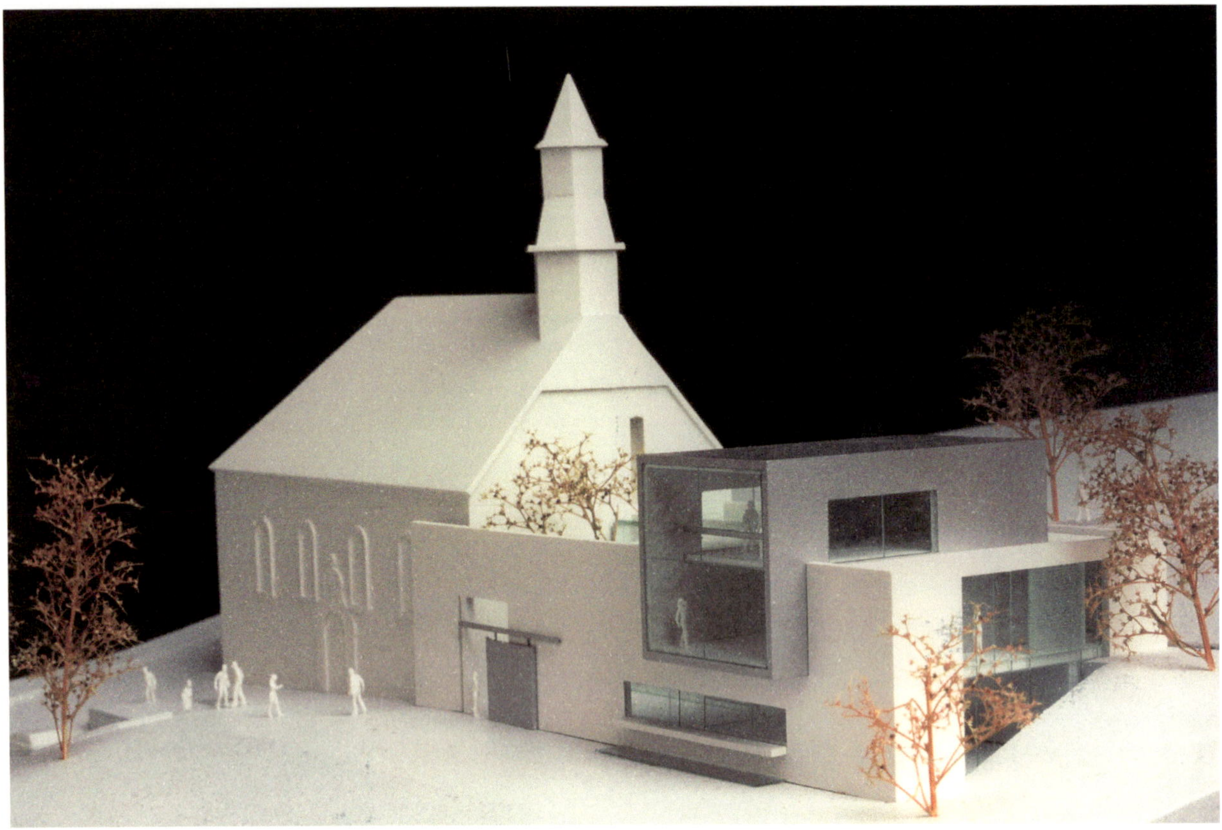

OUTSIDE / REFORMATIONSKIRCHE BAD SCHWALBACH / NEUBAU / SANIERUNG

In Verbindung mit dem Neubau sollte, in enger Absprache mit der Denkmalpflege der Kirchenverwaltung in Darmstadt, auch der Innenraum des bestehenden Kirchengebäudes erneuert und umgestaltet werden, um neue, zeitgemäße liturgische Formen in den Gottesdienst aufnehmen zu können. Historische Stücke wie Kanzel, Glasfenster, nördliche Kirchenaußentür, Gedenktafel sowie Orgel wurden als Zeugnisse der Geschichte erhalten.

Der Aus- und Umbau der Emporen diente dazu, die dort sitzenden Menschen durch Sichtkontakt am Geschehen des Gottesdienstes und der Kirchenmusik teilnehmen zu lassen. Die zuvor vorhandene Empore war hierfür nicht geeignet. Um den gewünschten Sichtkontakt zu ermöglichen, wurde auf die erste Empore ein ansteigendes Bankgestühl mit 80 Sitzplätzen eingebaut. Hierfür wurden die vorhandenen Sitzbänke entfernt und die Empore selbst um ca. 80 m Richtung Kircheninnenraum verlängert. Die nicht mehr benötigte zweite Empore (ehemalige Orgelempore) mit Sitzplätzen für 20 Personen wurde komplett entfernt, um die notwendige Raumhöhe zu gewinnen.

Mit dem Entfernen der alten Kirchenbänke sollte eine mobile Bestuhlung im Erdgeschoss für höhere Flexibilität gewährleistet werden. Die seitlichen Anbauten im Bereich des Altarraumes wurden entfernt, um die historische Kanzel freizulegen. Altar und Taufbecken wurden durch Künstler in zeitgenössischer Formensprache neu geschaffen. Mit dem Einbau einer neuen Beleuchtung in zurückhaltender Form konnte flexibel auf neue Liturgieformen eingegangen werden.

Rheinstraße 23-25
Frankfurt am Main

BAUHERR: NESTLÉ PENSIONSKASSE GRUNDSTÜCKSGESELLSCHAFT
STANDORT: RHEINSTRASSE 23-25, 60325 FRANKFURT
BGF: 4.800 M²
FERTIGSTELLUNG: 2018

Grundriss
Regelgeschoss
2-, 3- und 4-
Zimmer-
Wohnungen

Das Grundstück befindet sich in einem historischen Wohnviertel aus der Gründerzeit. Der Neubau zur Rheinstraße greift räumlich und gestalterisch die Regeln des ursprünglichen historischen städtebaulichen Entwurfsgedankens auf. Der rückwärtige Bereich des Grundstücks wurde komplett entsiegelt und als grüner offener Gartenbereich gestaltet. Somit bildet das neue Wohngebäude mit dem umgebenden historischen Bestand wieder eine Einheit.

Der Neubau stärkt auf diese Art das charakteristische städtebauliche Gefüge der Rheinstraße und stiftet eine klare ortsbindende Identität für seine Bewohner: Stadthäuser im Grünen mit Orientierung der Wohnräume und Balkone nach Süden zum Garten. Das neue Wohngebäude besteht aus einem Erdgeschoss, vier Obergeschossen, einem gestaffelten Dachgeschoss sowie einem unterirdischen Geschoss mit Tiefgarage, über dem die weiträumig durchgrünten Außenanlagen des Grundstücks ausgebildet wurden.

Die Fassadenfront folgt straßenseitig der vorgegebenen Baulinie. Durch die Vor- und Rücksprünge bildet sich ein dreifach gegliederter Gebäudekörper, in dessen Zwischenräumen sich die einladenden Eingangssituationen befinden. Der Neubau vermittelt gleichzeitig den Eindruck von drei individuellen Stadthäusern, die mit leicht versetzter Ausrichtung offene Durchblicke in die begrünten Gartenbereiche auf der Südseite des Grundstücks ermöglichen. Die risalitartigen Vorsprünge, die der gleichmäßig rhythmisierten Wegefolge und plastischen Ausformung der Rheinstraße folgen, sind dem historischen Vorbild abgeleitet. Auch auf der Gartenseite gliedern zwei vorgesetzte Balkonbereiche die Südfassade des Neubaus.

Aufgrund der sehr kompakten Bauweise entsteht ein großzügiger offener Außenraum. Trotz der vorgegebenen Parzellentiefe ist auch von den tiefer gelegenen Balkonen und Loggien der Ausblicke auf die Skyline von Frankfurt möglich. Der Neubau birgt ein Angebot von 33 Wohnungen. Alle Wohnräume sind Richtung Süden orientiert und gewähren den Blick in den Gartenbereich, sowie auf die Frankfurter Skyline.

Teekontor Keitum
Sylt

BAUHERR: PRIVATER BAUHERR
STANDORT: SIIDIK 15, 25980 KEITUM
BGF: 1.500 M²
FERTIGSTELLUNG: 2012

KONTORHAUS KEITUM

OUTSIDE / TEEKONTOR KEITUM / SANIERUNG / ANBAU

Seit 20 Jahren wird in den Räumen Siidik 15 in Keitum ein Teefachgeschäft betrieben. Seit 2005 unter dem Namen »*Teekontor Keitum*«.

Im überwiegenden Teil wird nach wie vor ein klassisches Teefachgeschäft im Hausteil 1 betrieben. Außer 200 Teesorten wird hier alles »rund um den Tee« von der Teekanne bis zum Teefilter angeboten. Neu sollte im südlichen Gebäudeteil die dringend benötigte »Teelounge« als Teeprobierstube eingerichtet werden. Gleichermaßen kann durch die Installation einer Teeprobierstube der Bereich »*Teeseminare*« weiter ausgebaut werden. Auch konnte das in den letzten Jahren mit großem Erfolg eingeführte kulturelle Angebot ohne großes Umräumen im Ladengeschäft in den neuen Räumlichkeiten problemlos angeboten werden. Ferner dient dieser, für den Gesamtbetrieb so wichtige Raum als Frühstücksraum für die »*Frühstückspension*«.

Mit dem Entwurf, wird auf die Besonderheiten des Bestandsgebäudes, mit einer der Situation angepassten Lösung, eingegangen. Dies gilt im Besonderen für die drei Giebelseiten, die sich aufgrund der neuen Firsthöhe von 8,50 m in ihrer Fläche wie auch Ausformung stark verändern. Im Gegensatz zu den übrigen Fassadenflächen, die fast unverändert bleiben und in ihrer Gliederung der Gestaltungssatzung entsprechen, kommt der Gestaltung der Giebelseiten eine besondere Bedeutung zu.

Das Bestandsgebäude mit einer Länge von über 40 m und einem Seitengebäude von fast 22 m entspricht in seinen Abmessungen wie auch seiner Konfiguration erst einmal nicht einem inseltypischen Friesenhaus. Bei dem Hauptgebäude handelt es sich um ein klassisches Langhaus. Durch die Ausbildung der Giebelseiten erfährt das Langhaus einen architektonischen Akzent, durch den Anfang bzw. Ende des Gebäudes deutlich definiert wird. Der Hausgiebel des Nebengebäudes ist konventionell mit einem Dachüberstand vorgesehen. Durch diese unterschiedliche Behandlung der Gebäudeteile erhält das Hauptgebäude seine ihm zustehende Bedeutung und das Nebengebäude wird als solches erkennbar.

TRÄUME

210 Wohnanlage am Kaiserhof, Wiesbaden
212 Zeil 86, Frankfurt am Main
214 Bürgerhaus Georgenhausen und Zeilhard
216 Besucherinformationszentrum
    Grube-Messel
220 Feuerwache, Wiesbaden Igstadt
224 Am Wasserturm, Bad Homburg
228 IHK, Wiesbaden

Am Anfang stehen die Inspirationen und eine umfangreiche Recherche. So viele Impressionen wie möglich lassen Ideen wachsen und es darf geträumt werden. Solange gebaut wird, haben Architekten versucht, über sich selbst und das Mögliche hinauszuwachsen. Das ist die Zeit der Utopien — manche dieser Träume werden Realität, andere wiederum platzen.

Sieben Projekte versinnbildlichen sieben Träume, von denen die meisten aus Wettbewerben hervorgegangen sind. Die fünf letzten werden das Licht der Welt nicht erblicken, obwohl wir so viele Ideen investiert haben. Selbst der damals erste Platz beim international ausgelobten Wettbewerb zur Grube Messel in Darmstadt scheiterte noch in der Durcharbeitungsphase und letztendlich wurde nur der zweitplatzierte Entwurf realisiert. Mit diesen Enttäuschungen muss man umzugehen lernen und sich mit Kraft in die nächste Aufgabe werfen. *The impossible can always be broken down into possibilities.*

Wohnanlage am Kaiserhof
Wiesbaden

BAUHERR: DEUTSCHE INVEST IMMOBILIEN GMBH
STANDORT: AUGUSTASTRASSE/ VIKTORIASTRASSE, 65189 WIESBADEN
BGF: 8.300,00 M²

Das Areal des Kaiserhofes befindet sich inmitten eines Wohngebietes mit tiefen und teilweise langgestreckten Quartiersfeldern, die von baumbestandenen Straßenzügen umschlossen sind. Hierbei reihen sich einzelne unterschiedliche Punkthäuser als Villen mit vorgelagerten kleinen begrünten Vorbereichen oder Vorgärten nebeneinander in einem gleichmäßigen Rhythmus entlang der Straßenzüge.

Mit dem Abbruch des ehemaligen American Arms Hotels wird das übergeordnete städtebauliche Erscheinungsbild auf die Entwicklungsflächen übertragen.

Entlang der Straße sind zwei Stadtvillen mit je drei Vollgeschossen und einem Dachgeschoss vorgesehen, die die städtebauliche Anordnung und Ausrichtung der bestehenden Villen auf den benachbarten Grundstücken aufnimmt. Balkone orientieren sich nach Westen mit Blick Richtung Stadt. Gestalterisch orientieren sich diese Stadtvillen in Größe, Proportion und Geschossigkeit sowie in ihrer symmetrischen Gliederung der Hauptfassade und der abgeschrägten Dachform an den benachbarten Villen und fügen sich so in das Straßenbild ein.

Auf den übrigen Flächen, in der Mitte des Quartiersfelds, sind fünf Stadtvillen vorgesehen. Diese Häuser stehen leicht versetzt zueinander und orientieren sich mit ihren Fassaden in alle Himmelsrichtungen. Die lebendige Ausbildung mit unterschiedlichen Geschossigkeiten sowie die vorgesetzten Balkone im Süden und Westen an jeder Villa betonen das für diesen Bereich typische Erscheinungsbild der leichten Vor- und Rücksprünge in den Fassadenflächen und der räumlich fließenden und mit Grün durchwebten Außenanlagen. Die Gebäude sind von der Außenwirkung individuell unterscheidbar, greifen auf diese Weise den jeweils eigenständigen Charakter der bestehenden Punkthäuser des Wohngebietes auf und fügen sich gleichzeitig gestalterisch in die Umgebung ein. Die Baukörper der Villen bilden Außenräume mit klar definierten Vorbereichen als Quartiersplätze, die in die Grünanlagen eingebunden sind.

Zeil 86
Frankfurt am Main

Das Grundstück befindet sich in der Fußgängerzone der Frankfurter Innenstadt. Auf der zu beplanenden Parzelle in der Zeil 86 befand sich ein Gebäude aus der Nachkriegszeit mit 7 Obergeschossen und einem Kellergeschoss, welches als Geschäftshaus genutzt wurde und abgebrochen wurde. Der Neubau beinhaltet eine Ladeneinheit, welche sich über 3 Geschosse vom Erd- bis ins 2. Obergeschoss erstreckt und ein 3. Obergeschoss als Wohneinheit. Ein innen liegender, vom Treppenhaus getrennter Aufzug verbindet die Geschosse der Ladeneinheit, dient aber auch der Erschließung des 3. Obergeschoss.

Die repräsentative Südseite des Gebäudes zur stark frequentierten Einkaufsstraße Zeil hin erhält eine Pfosten-Riegel-Fassade mit Glasflächen und geschlossenen Paneelen, welche mit unterschiedlich gruppierten senkrechten Lamellen gegliedert ist. Der Eingang zum Treppenhaus springt über zwei Geschosse zurück und ist mit Paneelen verkleidet. An den rückwärtigen Bereichen, welche nicht von Brandwänden umschlossen sind, erhält das Gebäude eine schlichte Putzfassade.

BAUHERR: AACHENER GRUNDVERMÖGEN KAPITALVERWALTUNGSGESELLSCHAFT MBH
STANDORT: ZEIL 86, 60547 FRANKFURT AM MAIN
BGF: 950,00 M²
FERTIGSTELLUNG: VORAUSSICHTL. ENDE 2020

Bürgerhaus Georgenhausen und Zeilhard

BAUHERR: MAGISTRAT DER STADT REINHEIM
STANDORT: DILSHOFER STRASSE / AM MÜHLBACH, 64354 REINHEIM
BGF: 2.300 M²

Das neue Bürgerhaus besteht aus zwei parallel verlaufenden und lang gestreckten Baukörpern mit jeweils unterschiedlicher Höhe, die sich überschneiden und so eine Einheit bilden. Von außen sind die Funktionen der beiden Gebäudevolumen klar ablesbar: Der den Feldern zugewandte und höher ausgebildete Gebäudekörper beinhaltet die Hauptnutzung des Hauses mit Eingangsfoyer, Saal und Bühne, während der niedrigere Gebäudekörper Richtung Mühlbach den überdachten Haupteingang, die Garderobe des Foyers, die Vereins- und Nebenräume sowie Nebenerschließung aufnimmt. Der höher ausgebildete Gebäudekörper ist als schallintensiver Bereich somit von der im Norden liegenden schutzbedürftigen Wohnbebauung abgewandt.

Der zur Straße *Am Mühlbach* orientierte niedrigere Gebäudekörper dient zusätzlich als Puffer Richtung Wohnbebauung. Haupteingang und Foyer sind raumhoch verglast und bieten wie ein großes Schaufenster von außen einen tiefen Einblick in die innere Gebäudeorganisation, sodass bereits vor dem Betreten des Hauses die Orientierung innerhalb des Gebäudes klar erfassbar ist. Das Bürgerhaus bildet eine ruhige und horizontal ausgeprägte Großform, die dem wesentlichen Charakter der umgebenden Landschaft entspricht. Die Höhenstaffelung des Gebäudes orientiert sich Richtung der Straße *Am Mühlbach* an der dort vorhandenen niedriggeschossigen Bebauung. So entsteht ein Straßenraum mit einem ausgewogenen gleichwertigen Höhenverhältnis. Richtung Süden wird die Höhe des Hauses aufgrund der sanft abfallenden Felder räumlich reduziert, indem sich das Gebäude in seinem rückseitigen Bereich in den Hang hineinschmiegt. Hiermit wird gleichzeitig die höhere Eingangsseite des Bürgerhauses betont, während die Längsseite landschaftlich von den angrenzenden Feldern eingebunden wird. So wird die für eine dörfliche Struktur relativ große Gebäudekubatur von ihrer Wirkungsweise her räumlich angemessen reduziert.

Besucherinformationszentrum Grube-Messel

BAUHERR: LAND HESSEN
STANDORT: ROSSDÖRFER STRASSE 108, 64409 MESSEL
BGF: 6.000 M²

Der vulkanische Ursprung und die Entstehung der Grube Messel als Maarvulkan wurde durch Forschungsbohrungen im Jahr 2001 nachgewiesen. Die einzigartige Art der Erhaltung der früheren Lebewesen, die Vielfalt ihrer Gruppen und die Menge an Einzellebewesen aus der Grube Messel zeichnen diese Fossillagerstätte aus. Aufgrund der bis heute wiederum veränderten Lebenswelt ist die Grube Messel ein weltweit einmaliges Fenster in die Erdentwicklung über eine Dauer von 1,5 Millionen Jahren. In der Grube wurde im Zusammenhang mit dem Ölschieferabbau bereits im 19. Jahrhundert Fossilien gefunden, jedoch wurde das wachsende wissenschaftliche Interesse an den Fossilien in den 1880er-Jahren überlagert durch die Pläne, das Grubengelände als Mülldeponie zu nutzen. Mit ihren unterschiedlichen Orten und naturräumlichen Entwicklungszuständen stellt die Grube Messel schon im derzeitigen Bestand ein naturhistorisches Freilichtmuseum von einzigartiger Qualität dar, die künftig durch Architektur und Landschaftsgestaltung weiter akzentuiert und bereichert werden soll. Seit Dezember 1995 zählt die Grube Messel zum Weltkulturerbe.

Der Topos der Grube zwingt einerseits, sich mit der schwierigen Gegebenheit eines Standortes zu messen, der durchdrungen wird von Gruben, Halden und Industrieartefakten. Andererseits empfiehlt er, nicht einen einzigen sich abhebenden Bau zu erschaffen, sondern eine komplexe architektonische Landschaft. Diese Komplexität, die sich in der Natur des Themas selbst ausdrückt, bringt den Besucher von der Oberfläche in die Erde hinein, wo sie sich selbst langsam in den Zeiten aufgeschichtet hat. Nach der Analyse dieser Koordinaten ist die Notwendigkeit offensichtlich, dass zwei Arten von Wegen gebraucht werden – der äußere und der innere – welche sich kreuzen und miteinader verschmelzen.

Die Wege werden im Entwurf durch ein einziges kontinuierliches Element verbunden: Die Rampen, verstanden nicht nur als *Promenade archtecturale*, sondern als didaktisches Element, dass den Besucher leitet, Epochen zu verbinden und sich in die Geschichte des Ortes zurückzubegeben. So entsteht eine architektonische Landschaft, als ob eine tektonische Platte aus der Erde herausträte und in einer gewundenen Bewegung das Gelände begleitet; eine Platte, um die man herumgehen kann, die man ersteigen, durchqueren und in die man sich hineinversenken kann.

In diesem Gebilde dringt das Licht durch Spalten zwischen Platten und es fügt so symbolisch die Präsenz des industriellen Zeitalters durch Glas und Corten-Stahl ein. Die von der Zeit befleckten Steine, das Wasser, die Erde, die groben Hölzer beeinflussen das Gebäude und finden sich punktuell in Beton eingelassen wieder.

ANSICHT OST

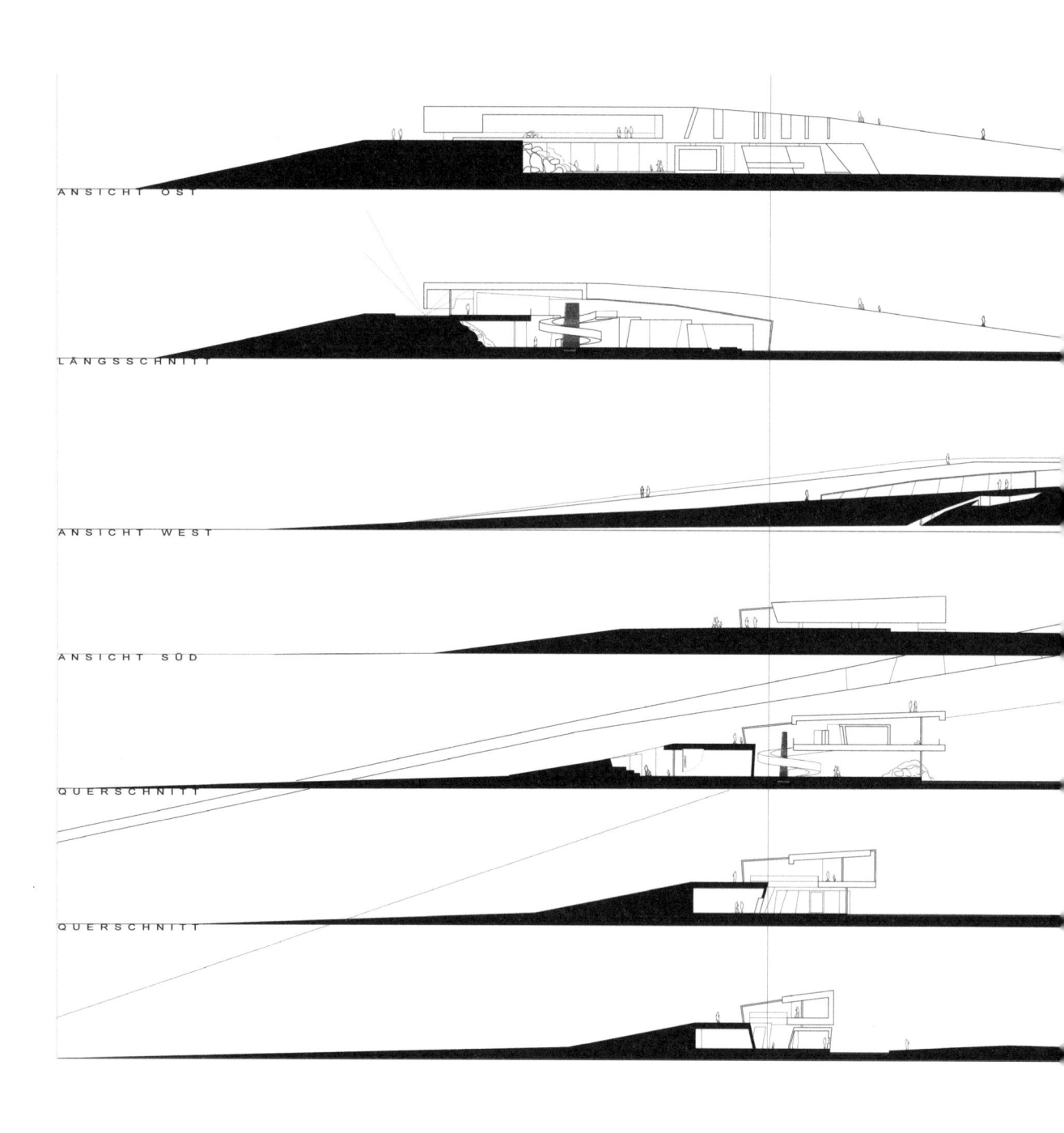

LÄNGSSCHNITT

ANSICHT WEST

ANSICHT SÜD

QUERSCHNITT

QUERSCHNITT

Eine komplexe architektonische Landschaft

TRÄUME / GRUBE-MESSEL / WETTBEWERB

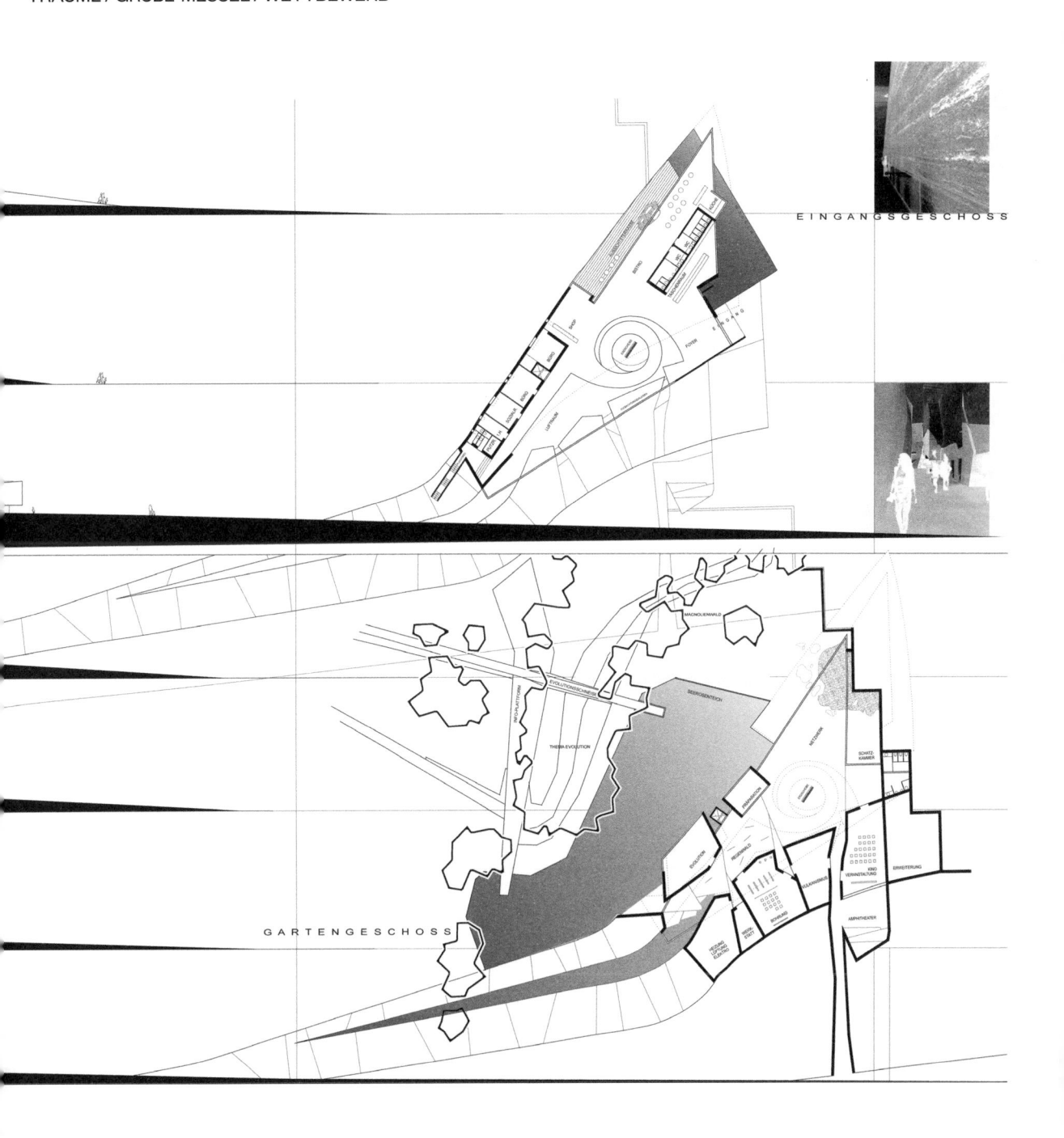

EINGANGSGESCHOSS

GARTENGESCHOSS

An der Nahtstelle von Innen- und Außenräumen setzt sich die Reise in den Themengarten fort, die den Besucher allmählich zurück in die Gegenwart führt. Der Themengarten unterliegt augenscheinlich der Sukzession. Eine offene Wiesenfläche mit einzelnen Birkengruppen wird Ausstellungs- und Erlebnisraum. An verschiedenen Stellen wirkt die Fläche nach tektonischem Muster verschoben. Landschaftsschollen heben sich aus dem Untergrund, deren Seitenflächen ebenfalls mit Corten-Stahl gehalten werden. Die Verschmelzung von Bauwerk und Landschaft wird nicht zuletzt dadurch bestärkt, dass die Dachflächen Teil des Themengartens werden und zum Teil als separate Rampe zum bestehenden Aussichtspunkt führen.

Feuerwache
Wiesbaden Igstadt

BAUHERR: LANDESHAUPTSTADT WIESBADEN
STANDORT: NORDENSTADTER STRASSE, 65207 WIESBADEN
BGF: 7.000 M²

Die neue Feuer- und Rettungswache nimmt funktional mit Berufsfeuerwehr, freiwilliger Feuerwehr und Rettungsdienst drei eigenständige Einheiten unter einem Dach auf. Die Einheiten ordnen sich um einen zentralen Hof an, analog dem Vorbild eines klassischen Atrium-Hauses.

Der kompakte Baukörper mit zentraler Hofanlage wird nach außen durch Einschnitte gegliedert. Es bilden sich Höfe, die je nach Ausrichtung unterschiedliche Beziehungen zur Umgebung aufnehmen. In Richtung Westen und Süden zur Wohnbebauung öffnen sich diese Einschnitte als grüne Höfe und bilden eine schützende Pufferzone zwischen den unterschiedlichen Funktionen des Wohngebietes und der Feuer- und Rettungswache. Davon abgewandt bieten begehbare Dachterrassen in Richtung Landschaft geschützte Aufenthaltsbereiche mit Ausblicken in die Landschaft und Belichtung in die Tiefe des Gebäudes.

Grundriss
Feuerwache mit zentralem Innenhof und angegliederten Fahrzeughallen mit Nebenräumen

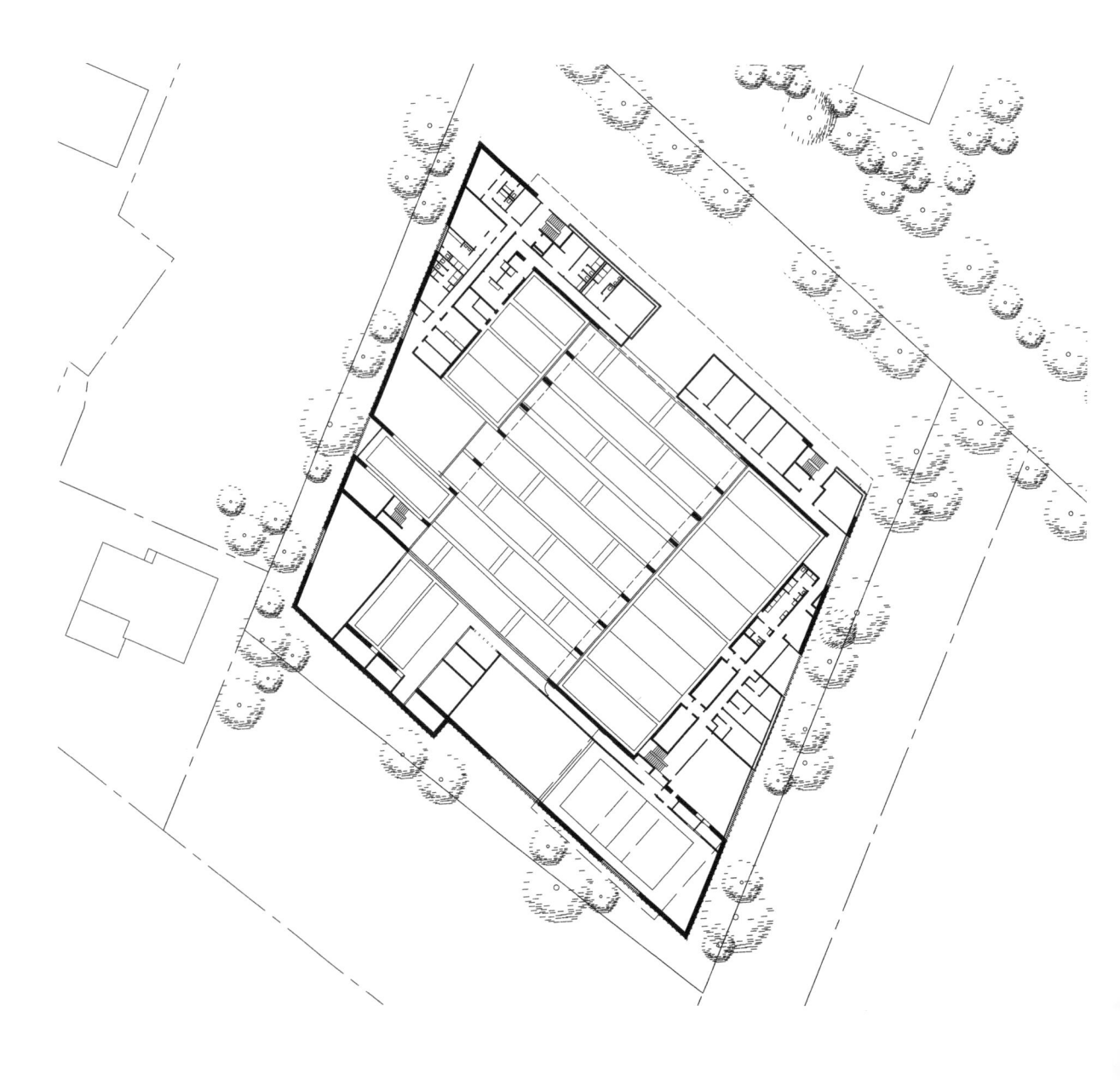

TRÄUME / FEUER- UND RETTUNGWACHE / WETTBEWERB

Die Gliederung der Außenfassade mit ihren Vor- und Rücksprüngen erzeugt eine Maßstäblichkeit, mit der sich der Baukörper in die umgebende kleinteilige Nachbarbebauung einfügt. Die Außenanlagen zwischen Gebäude und Straße werden mit Bäumen gegliedert. Rasenflächen ziehen sich bis unter die Parkplatzflächen, um die Versiegelung des Bodens möglichst gering zu halten. Im Osten bildet die neue Feuer- und Rettungswache den neuen Ortseingang und übernimmt damit auch eine identitätsstiftende Funktion, Wertigkeit und Fernwirkung, ohne sich hierbei aufzudrängen. Dies wird durch die ruhig gegliederte Ausformung des Gebäudes erreicht, verbunden mit der Verwendung von natürlichen, erdfarbenen Materialien, die mit der Weitläufigkeit der Felder korrespondieren und mit dem landschaftlich geprägten Charakter des Ortsbildes im Einklang stehen.

Das Material vermittelt Sicherheit, Solidität, Robustheit und Schutz. Das Klinkermauerwerk wird gegliedert durch unterschiedliche Durchlässigkeiten zwischen Innen- und Außenräumen, welche verschiedene Lichtqualitäten erzeugen: diffus leuchtendes Filtermauerwerk, Keramiklamellen-Einschnitte mit gelenkter Lichtstreuung und raumhohe Verglasungen als strahlende Leuchtkörper. Somit schimmert und leuchtet der Baukörper in verschiedenen Facetten und entfaltet so eine stimmungsvolle Fernwirkung.

Am Wasserturm
Bad Homburg

BAUHERR: DOHMA GRUNDSTÜCKSVERWALTUNGS-
GESELLSCHAFT MBH & CO. VERMIETUNGS KG
STANDORT: BASLER STRASSE 1, 3, 5, 61352 BAD HOMBURG
BGF: 20.100 M²

Das neue hochwertige Gebäudeensemble von Kino mit angegliedertem Club, Parkhaus sowie Büro- und Verwaltungsgebäude präsentiert sich selbstbewusst, aber unaufdringlich als deutlich erkennbare Dreier-Gruppe mit von außen klar ablesbaren und unterscheidbaren Funktionen. Sowohl die ruhig gehaltene Kubatur als auch die klar gegliederten Fassaden der neuen Gebäude nehmen respektvoll Rücksicht auf die charakteristisch-plastische Wirkung der Fassadengestaltung des gewachsenen historischen Umfeldes von Wasserturm, Bahnhofgebäude sowie Fürstenbahnhof, die die vorrangig identitätsstiftenden städtebaulichen Elemente des Areals bilden.

Gleichzeitig greifen die drei neuen Gebäude, jeweils in unterschiedlicher Gewichtung, sowohl in puncto wertbeständiger Materialität als auch klassisch-zeitloser Farbgebung wesentliche Gestaltungskriterien der bestehenden historischen Bebauung auf und bilden so eine subtile Verbindung zwischen Alt und Neu.

Ein mehrgeschossiger Luftraum aus Kolonnaden vor dem Gebäude mit Kino und angegliedertem Club orientiert sich zum Bahnhofsplatz sowie zur Basler Straße. Im Zusammenspiel mit großzügigen Freitreppen verzahnen sich hier die beiden unterschiedlichen Höhenniveaus und Außenräume zwischen Bahnhofsplatz und Basler Straße zu einer Einheit.

Überdies bildet der Luftraum der Kolonnaden eine Sichtbeziehung in Form einer einladenden Geste. Diese Sichtbeziehung wird als räumlich gleitender Übergang *über die Ecke* geführt und lenkt somit das Auge des Passanten intuitiv. Somit entsteht sowohl optisch als auch räumlich eine großzügig erweiterte Einbindung des Platzes mit seinen historischen Gebäuden an die Umgebung.

TRÄUME / AM WASSERTURM / BAD HOMBURG / WETTBEWERB

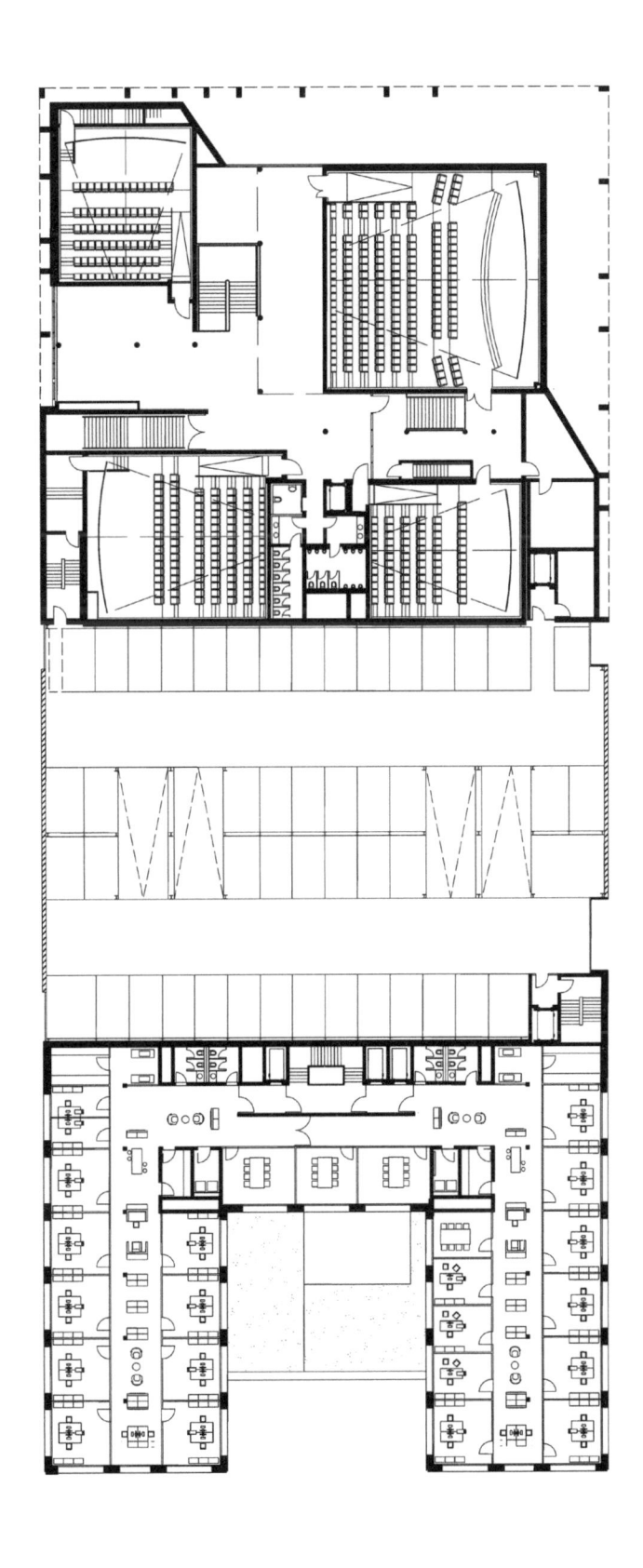

Grundriss
Gesamtgebäude
mit Kinosälen,
Büroverwaltungs-
gebäude und mittig
angeordnetes
Parkhaus

IHK
Wiesbaden

Auf dem freien Grundstück der IHK Wiesbaden entlang der Karl-Glässing-Straße, das heute als Parkplatz genutzt wird, soll ein Besucher- und Schulungszentrum als Erweiterungsbau entstehen. Der geplante zweigeschossige Neubau empfängt die Besucher im Erdgeschoss mit einer großformatigen Glasfassade. Im Obergeschoss befinden sich die Schulungsräume sowie die großzügigen Besprechungszonen, welche sich zur Grünanlage *Warmer Damm* entlang der Wilhelmstraße orientieren. Damit der engen Seitenstraße nicht das bislang gewohnte Sonnenlicht genommen wird, werden die ausladenden Baukörper im Obergeschoss mit einer dekorativen, lichtdurchlässigen, Membran verkleidet. Der Verweilqualität der Straße mit ihrem alten Baumbestand wird respektvoll Rechnung getragen.

BESUCHER- UND SCHULUNGSZENTRUM DER IHK WIESBADEN
BAUHERR: INDUSTRIE- UND HANDELSKAMMER WIESBADEN
STANDORT: KARL-GLÄSSING-STRASSE, WIESBADEN
BGF: 1.400 M²

Modell & Rendering

ANHANG

Wettbewerbe
seit 1990

1. Preis	*Altes Arbeitsamt*, Wiesbaden	2019
1. Preis	*Wohnanlage am Kaiserhof*, Wiesbaden	2019
1. Preis	*Am Wasserturm*, Bad Homburg	2018
1. Preis	*Wohnbebauung*, Langen	2017
1. Preis	*Sparkasse*, Bensheim	2017
Anerkennung	*Feuerwache*, Igstadt	2016
1. Preis	Wohnbebauung, Frankfurt	2015
1. Preis	Wohnbebauung, Hofheim Rosenberg	2015
1. Preis	*DAL*, Zentralverwaltung Mainz	2014
1. Preis	*GWW* Wohnbebauung Senke, Waldstraße	2014
Anerkennung	Erweiterung Gymnasium *Kaiserin-Theophanu-Schule*, Köln-Kalk	2012
Anerkennung	Zusammengebaut, *Jawlensky Schule*, Wiesbaden	2011
1. Preis	*Kreissparkasse Groß-Gerau*, Fassadenwettbewerb	2010
1. Preis	Stadteingang - *Brückenkopf Theodor-Heuss-Brücke*, Mainz-Kastel	2010
2. Preis	*DAL*, Zentralverwaltung, Wiesbaden	2008
2. Preis	Wohnanlage, Bad Kreuznach	2008
1. Preis	*Dern'sche Höfe*, Fassadenwettbewerb, Wiesbaden	2007
3. Preis	Pflegewohnheim *Haus im Burggarten*, Breitenbach/Herzberg	2006
1. Preis	Besucherzentrum *Grube-Messel*, bei Darmstadt	2006
1. Preis	Wohn- und Geschäftshaus *Douglas*, Wiesbaden Innenstadt	2005
1. Preis	Erweiterung der *ev.-luth. Christuskirche*, Wiesbaden	2005
1. Preis	Verkaufspavillon der Köln-Düsseldorfer AG, Wiesbaden-Biebrich	2005
2. Preis	Umbau und Erweiterung *Haus der Kirche*, Wiesbaden	2004
1. Preis	*ESWE Kunden-Service-Center*, Wiesbaden	2003
1. Preis	Umbau und Erweiterung *ESWE-Hochhaus*, Wiesbaden	2003
2. Preis	*Karstadt – Luisenhof*, Wiesbaden	2003
2. Preis	*Karstadt*" am Mauritiusplatz, Wiesbaden	2003
2. Preis	Städtebauliches Konzept am Hessenring, Bad Homburg	2003
1. Preis	Gemeindehaus *Reformations-Kirche*, Bad Schwalbach	2001
2. Preis	*ACG-AG*, Wiesbaden	2001
2. Preis	*Logistikzentrum*, Messe Frankfurt	2001
Ankauf	*Mauritiusplatz*, Wiesbaden	2000
2. Preis	Hauptsitz *Landeszahnärztekammer Hessen*, Frankfurt/Main	1999
Ankauf	Stammhaus *Nassauische Sparkasse*, Wiesbaden	1998
1. Preis	ESWE Stadtwerke AG, Wiesbaden	1996
1. Preis	*Tourist-Information*, Kurbetriebe Wiesbaden	1995
Ankauf	Stiftung *Julius-Spital,* Würzburg	1994
1. Preis	Wohngebiet *Sauerland*, Wiesbaden	1993
1. Preis	Neuer Ortsmittelpunkt, Hünstetten/Weilbach	1990

Impressum

© **2019** – Zaeske Publikation
Zaeske und Partner
Architekten BDA

Herausgeber: Zaeske und Partner Architekten BDA
Partner: Sven Burghardt, Luigi Pennella,
Jeremy Würtz
Konzeption und Gestaltung: Natalia Chekonina,
Cicero Kommunikation GmbH
Lektorat: Dagmar Binder, Dr. Volker Hummel
Übersetzung: KERN AG, Sprachendienste
Druck: DZA Druckerei zu Altenburg GmbH

Zaeske und Partner Architekten BDA
Sven Burghardt. Luigi Pennella. Jeremy Francis Würtz.
Daimlerstraße 35, 65197 Wiesbaden
zaeske-architekten.de
T 0611 94206 0
F 0611 94 206 25

ISBN: 978-3-00-063049-1
Printed in Germany with Love

Bildnachweis:
externe Fotografen:
Vera Friederich: 4-6, 7, 112-113, 114-115
Rui Camillo: 36, 41, 42-43, 204-206
Taufic Kenan: 122-123, 124-125, 126-127, 132-133,
138-139, 142-143, 144-145, 146-147, 148, 172-173, 176-177
Stadtarchiv Wiesbaden: 82

Visualisierungen:
extern: Krieger und Schramm: 89, archlab Dresden

Autoren:
Berthold Bubner, Sven Burghardt, Christof Bodenbach,
Uwe Eric Laufenberg, Ralf Schmidt, Dr. Dirk M. Becker

Quellennachweise:
Dr. Ursula Seibold-Bultmann: 61, Christian J. Grothaus,
(arch+): 107 Florian Grolman: 107